和大师聊哲学

中国哲学入门

张晓东◎著

西南财经大学出版社
中国·成都

图书在版编目(CIP)数据

和大师聊哲学:中国哲学入门/ 张晓东著. —成都:西南财经大学出版社,2018.4

ISBN 978 - 7 - 5504 - 3378 - 6

Ⅰ.①和… Ⅱ.①张… Ⅲ.①哲学—基本知识—中国 Ⅳ.①B2

中国版本图书馆 CIP 数据核字(2018)第 010774 号

和大师聊哲学 中国哲学入门

HE DASHI LIAO ZHEXUE ZHONGGUO ZHEXUE RUMEN

张晓东 著

策划编辑:何春梅
责任编辑:何春梅
内文插图:何攀
责任校对:王青清
封面设计:正唐设计
责任印制:朱曼丽

出版发行	西南财经大学出版社(四川省成都市光华村街55号)
网　址	http://www.bookcj.com
电子邮件	bookcj@foxmail.com
邮政编码	610074
电　话	028 - 87353785　87352368
照　排	四川胜翔数码印务设计有限公司
印　刷	四川新财印务有限公司
成品尺寸	140mm×230mm
印　张	11.5
字　数	190 千字
版　次	2018 年 4 月第 1 版
印　次	2018 年 4 月第 1 次印刷
书　号	ISBN 978 - 7 - 5504 - 3378 - 6
定　价	46.00 元

究天人之际，通古今之变

伏羲一画开天，创建了《易经》，为中华文明创建了超越时空的哲学。

礼从夏商逐渐发展起来，而周公制定的周礼标志着礼到周代趋于完善。

礼代表中华民族进入了更文明的阶段。

诸子百家，所谓百家，不过一家，不过是从不同的角度观察世界，都是从大道之源、群经之首《易经》中开枝散叶而来。

诸子都是"究天人之际，通古今之变，成一家之言"。

究天人之际，就是认识宇宙和人生的道理；通古今之变，就是通达古今所有人的各种理解以及经验；最后成一家之言，融汇当前局势，创立自己的学说。

老子对《易经》解释得最好，并把天道推广到人事社会。

庄子继承老子思想，逍遥洒脱，认为万物齐一。

孔子为周礼注入"仁"。

孟子发展了"仁"，提出了"义"，创立了"仁义之道"。

荀子融合了儒家和法家。

董仲舒进一步把《易经》中的阴阳五行引入儒学。

玄学试图把道家和儒家融合。

理学把儒、道、佛的精华融为一体。

心学把天理和人心，客观和主观统一起来。

现代儒学则把儒学和西方民主思想融为一体。

中国的儒学从汉代开始就已经不是先秦的诸子百家中的儒家了，而是融合了各家的精华，代表着整个中国哲学，成为中国哲学、中国文化的代名词。

儒学之所以生命力强大，在于它的不断包容、吸收、传承与发展。

中国哲学有很强的超越性、思辨性和科学性。

读《易经》能读出君子，也能读出小人。

学中医，能出大家，也能出骗子。

哲学能为封建统治所用，也能为民主社会所用。

不能因为使用者的不同而抛弃中国哲学。

孙中山是立德、立功、立言的不朽人物。他具有远见卓识，知道中国哲学是中国的根和魂，并不因为时局的变幻而动摇对中国文化的信心，始终如一地支持儒家哲学。

近代中国落后于西方，儒家思想和中国文化一再被贬低，以至于很多人已经忘却了中国哲学。

孙中山将儒学现代化，让人们看到了儒学的魅力，看到了儒学在民主社会的风采。

中华人民共和国成立后，马克思主义实际上也在不断中国化，也就是与中国传统思想和文化紧密结合，为谋求振兴中华、提升民众幸福、开创大同之世而奋斗。

中国哲学不只是适合中国人的哲学，也是中国智慧为世界做出的贡献。

中国哲学适合应用于全世界，未来的中国哲学必将走向全球，优秀的中国哲学在未来必将光芒万丈！

目　录

第一章

《易经》：超越时空的哲学

伏羲

☯《易经》历四世更三古

在人们的普遍印象中，《易经》《周易》这类书听起来像天书，不知道在表达些什么。社会上算命、看日子、看风水之类的事情倒是经常打着《周易》的旗号。这到底是怎么回事呀？

《易经》一开始只是易象。

易象是没有文字，只有图形和数字的《易经》。易象历四世，就是经过了上古的结绳记事造爻、烧制龟甲制卦、记录河图洛书、伏羲创作八卦四件大事而形成。

这四件事情相隔年代久远，所以易象的形成经过了漫长的探究与摸索的过程。

伏羲："仰则观象于天，俯则观法于地，观鸟兽之文与地之宜，近取诸身，远取诸物，于是始作八卦，以通神明之德，以类万物之情。"他把自然界八种物质天、地、风、雷、山、泽、水、火分为四组对应起来：

乾为天，居于上为南；坤为地，居于下为北。

艮为山，居右下，即西北；兑为泽，居左上，既东南。

震为雷，居左下，即东北；巽为风，居右上，即西南。

离为火，为日，居左，即东方；坎为水，为月，居右，即西方。

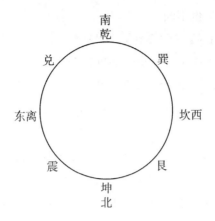

为了和后来周文王做的八卦区别，伏羲创作的八卦叫作先天八卦。

伏羲这种"天地定位，山泽通气，雷风相薄，水火不相射"两两对应起来看待的先天八卦也被叫作"对待之易"。

再后来文字被发明出来，人们就开始用文字来解释易象。

《易经》是经过文字注解的易象。

《易经》更三古，夏代注解易象，形成了夏代的《易经》——《连山易》；商代注解易象，形成了商代的《易经》——《归藏易》；周代经过周文王和周公做经，孔子作序，形成了周代的《易经》——《周易》。

看到这里，各位读者是否有这样的疑问：为什么夏商周不使用同一本《易经》，而要弄出《连山易（夏易）》《归藏易（商易）》《周易》，这样周折究竟是为了什么呢？

《易经》用现代的话讲就是夏、商、周三个朝代的官方哲学，各朝代的管理者不同、社会情况不同，当然所用的哲学也不同。

《连山易》《归藏易》《周易》由卜官掌控，对国家大事、军事战争、祭祀活动进行预测，实际上起到了指导国家管理与个体活动的作用。

那么，《连山易》《归藏易》《周易》有什么不同呢？

上古的人类居住在山洞中，在山林中以狩猎采集为生，"山（艮）"是古人赖以生存的环境，原始人就形成了对山的重视和崇拜。神农氏以"艮卦"为首，创作了《连山易》，象征"山之出云，连绵不绝"。

当洪水泛滥的时候，人们无处逃生，只能向高山跑。在落荒逃命的先民们看来，只有山能够解救他们于洪灾水患之中，于是将视"山"为伟大之物、为佑护之神。

禹是靠治水起家，大禹的儿子启建立了夏朝，沿用了《连山易》。

天地之子，莫出其长，所谓高山仰止，景行行止。大天之下，足堪睥睨万物，领导万物，非崇山莫属。山相叠而连绵，云气穿环其间，其象威武、雄健，气势磅礴，正合崇威壮崇雄武的夏朝人的精神。

《连山易》就是说，国家和个人的命运与山相连相关。如果没有山，哪能逃出洪水的困扰和危害呢？哪里能捕猎到动物、采集到野果呢？

所以，《连山易》中八个卦象都是大山。

到了殷商时期，洪水早已消退，人们对于洪水侵害的记忆已经淡忘，有的甚至全然不知，慢慢地，总是用山来说事的《连山易》让人们感到莫名其妙。

再说，商朝推翻了夏朝，再使用夏朝的哲学《连山易》，似乎不大合适。因此，商朝要寻找新的官方哲学。

当时，商朝已经开始大规模地种植和饲养，这时候在人们的心中土地比大山更重要。有土地才可以种植，才可以饲养，才能生活。

于是，商代的《易经》以坤（土地）为首卦，用八卦分析动植物的生、动、长、育、止、杀、归、藏，建立人类的文化与文明。

商代的《易经》都以大地为主，万物皆生于地，终于又归藏于地，所以叫作《归藏易》。

为了证明正统，商朝说自己的《归藏易》是黄帝所创作，他们只是解释和沿用。

《周易》是周朝对《易经》的注解。周文王姬昌被纣王关押在羑里（河南安阳境内）。在狱中的七年里，周文王推演伏羲的八卦来打发时间、韬光养晦，为出狱后伐纣积蓄力量。

《周易》中的八卦叫作后天八卦，周文王对伏羲的八卦进行了改动。

周文王为什么要改动伏羲的先天八卦？周文王的后天八卦和伏羲的先天八卦有何不同？

先天八卦认为是太极生两仪，两仪生四象，四象生八卦，八卦生万物。

周文王的观念和先天八卦的观念不同，他认为天地交合生万物。在这种观念下，周文王发现伏羲的先天八卦中乾阳在上、坤阴在下，而阳是上升的、阴是下降的，乾在上、坤在下阴阳就不能相交，如何能生出万事万物？商朝统治者高高在上，老百姓在下不堪其苦，上下不流动、不交流、不通气，社会就凝滞了。

周文王将伏羲的八卦做了调整，把坤阴放在上，乾阳放在下，形成了后天八卦。这样上下才能通气，才能交流，所以周文王的后天八卦也叫作"流行之易"。

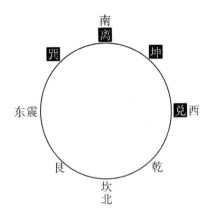

"文王拘而演《周易》"，周文王被囚禁期间，在伏羲八卦基础上推演出六十四卦三百八十四爻。

《周易》包括《经》和《传》两个部分。

文王为《周易》作《经》，就是给这六十四卦和三百八十四爻分别写了卦辞和爻辞来解释卦象。

孔子为《周易》作《传》，写了解释卦辞和爻辞的七种文辞共十篇，统称《十翼》。

这样，易经有《连山易》《归藏易》《周易》三个版本。

《连山易》《归藏易》《周易》都是由八个经卦重叠出的六十四个别卦组成的，《连山易》八万言，《归藏易》四千三百言，《连山易》与《归藏易》的卦象和经文已失传，成为中国哲学领域的一个谜。

《周易》在秦代焚书时打着占卜的书籍而幸免于难，成为最广为流传的《易经》版本。

☯ 象数义理

那《易经》究竟是什么呢？

易字上面是"日"下面是"月"，《易经》是研究变化的规律和学问。

《易经》兼具"变易""不易""简易"三重含义。

"变易"是说宇宙万物是时刻都在变化的。

"不易"是指万变不离其宗，变化不息的宇宙具有恒定的规律，万事万物都是按照这种不变的法则井然有序、循环往复地运转。

"简易"是说作为宇宙中很小一部分的人类，也是按照这种规律来运作的。人类社会就是一个简化的易，就是一个同样道理的小宇宙在运行。

《易经》有象、数、理、占四大部分。

象，就是卦象、现象的意思，通过卦象来模拟所在的处境，通过卦象的对比演化来看清事物发展的脉络与未来的趋势。

数，就是数值，用具体的数字来描述现象。

理，就是理论、义理。比如从卦象中看到，阳达到极大就生出了阴，阴达到极大就生出了阳，得出了物极必反的道理。

占，就是占卜，用现代话讲就是结合象、数、理进行预测。

从某种程度上讲，现在科学研究方法不就是和象数理占一样的道理吗？本质上也是观察现象，用数字统计描述现象，然后找出规律、建立理论、预测发展、最后用于指导实践。

所以说，《易经》是科学严谨的哲学体系。

《易经》根据象数理占分为象数派和义理派。

注重象和数的就是象数派，象数是易象与易数的合称，象是形状，数是数目和计算。

《易经》的象包括河图、洛书、太极图、八卦、六十四卦的卦象，三百八十四爻的爻象。

《易经》的数包括河图、洛书、太极图的象数，卦爻的奇偶之数，四时、十二月、二十四节气、七十二候及天干、地支、五行之数等。

象数派注重用气数对《易经》的卦象、卦变进行研究，从而用来预测吉凶。

象数派的代表人物有周朝的姜子牙，春秋时期越国的范蠡、文种，汉朝的张良，三国的诸葛亮，唐朝的袁天罡、李淳风，明朝的刘伯温等。他们都是能推会算的预测大师，能运筹帷幄、辅佐群雄争霸天下。

象数派的著作中有推算国运的，如姜子牙的《万年歌》，诸葛亮的《马前课》，以及袁天罡、李淳风的《推背图》，刘伯温的《烧饼歌》；也有推算个人运程的，如有算命，看风水、相面等书籍。

推算国运有政治预言成分，历代帝皇因为惧怕此类书蛊惑民心危害政权稳定，所以对此类书多加禁绝，或故意篡改错乱；而算命，看风水、相面等书籍往往被斥为迷信。因为遭受打压，所以象数派日渐衰落。

义理派中的"义"是意义，"理"是道理。义理派主要阐释《易经》的经文、经义名理和哲学思想。

比如这个卦䷖：上面是坤☷，代表地；下面是艮☶，代表山。

周文王一看到这个卦：上面是大地，下面是大山，就是说大山隐藏到大地下面去了，大山那么高，却要低微到大地之下，这实在是高贵的谦卑啊，实在是最好的美德呀！

所以就给☷☶起名为谦卦。

《周易》里面大多都是这样解释六十四卦的。

老子的《道德经》是老子对《易经》的感悟。

孔子又作《易传》（即《十翼》）对《周易》进一步解释。

孟子又提出了"仁义礼智"，说这是上天安排的道德。

邹衍说朝代有"五德"：金德、木德、水德、火德、土德。

董仲舒结合《易经》提出了"三纲五常"。

朱熹用太极得出了"存天理、灭人欲"的道德观。

这些人都是阐述经文的意思，是给人讲道理的义理派。

那么，象数派和义理派哪一个更正确？

不管象数派还是义理派都必须结合象、数、理来预测。

如果扫尽象数，专说义理，没有数据分析，就会流于空谈。如果光知道讲物极必反的道理，就如我们现在告诉人房价一直涨，涨到极点就会降价。这道理虽然没有错，但却说不清楚具体到什么时间会降价，什么价位是最高点，这等于空谈。

如果不尚义理，专说象数，没有理论依据，就会流于迷信。比如说用奇门遁甲和子午流注推算出：你明天在东南方要捡到钱，这只股票后天要涨，某城市的房价三个月后要跌，仅推算而说不清背后的逻辑和道理，就很荒唐。

☯ 河图与洛书

河图、洛书是中华文化的源头。《易经·系辞上》说："河出图，洛出书，圣人则之。"

这里的圣人是指中华文化始祖伏羲，传说有龙马背负河图从黄河出现，有神龟背负洛书从洛水出现，把河图和洛书献给伏羲，伏羲根据这种"图""书"画成先天八卦，后来周文王又依据伏羲先天八卦推演成后天八卦和六十四卦，并分别写了卦辞。

古书上很早就记载伏羲的先天八卦是根据河图、洛书画出的，但河图、洛书到底是个什么样子，各类书上都没有写明。

直到宋代初年，华山道士陈抟拿出一幅《龙图易》，人们在里面发现了河图、洛书的图式。

两幅图中，一幅有1~9九个数字（九图），一幅有1~10十个数字（十图），到底哪幅是河图，哪幅是洛书，历史上一直有很大的争议。

不管是"图（河图）十（十图）书（洛书）九（九图）"还是"图九书十"，它们其实都是一个东西的不同表现。

现在比较流行的说法是"图十书九"，就是十图是河图，九图是洛书。

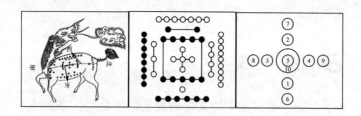

上图左边龙马背上的就是河图，中间是河图单独拿出来放大的样子，右边是代表河图的 10 个数。

河图中最外层的数字减去内层的数字都等于 5，5 是五行生成的最小数，叫作小衍数。

伏羲用圭表测日知道了勾股定理：$3^2 + 4^2 = 5^2$。其中 $3^2 + 4^2 + 5^2 = 50$，50 叫作大衍数。

河图、洛书中的白点和黑点分别表示阳数和阴数。

阳数：1，3，5，7，9

阴数：2，4，6，8，10

天数 = 阳数之和 = 1+3+5+7+9 = 25

地数 = 阴数之和 = 2+4+6+8+10 = 30

天地数 = 天数 + 地数 = 25+30 = 55

天地数 = 大衍数 + 小衍数 = 50+5 = 55

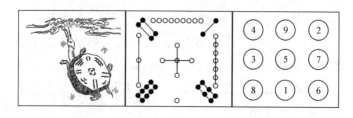

上图左边神龟背上的是洛书，中间是洛书单独拿出来放大的样子，右边是代表洛书的 9 个数。

洛书中的数字三行、三列及两条对角线上的 8 组数字相加，都等于 15，展示了"易"中的变易与不变。

可以看出，洛书就是九宫图。大禹从洛书中悟出万事万物的生克之理后，掘九河、开九山、治九州，事事通达。

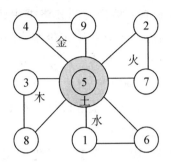

洛书中，1得中5而成6，2得中5而成7，3得中5而成8，4得中5而成9，5得中5而成10，这样子洛书就变成了河图。

所以说，河图和洛书是一体的，只是表达不同的侧面。

表达什么不同的侧面呢？

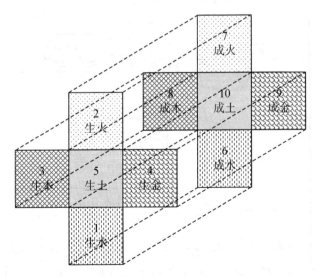

　　河图洛书包含着阴阳与五行的关系。上图代表阴阳与五行的关系，其中1、2、3、4、5是生数，表示生五行；6、7、8、9、10是成数，表示成五行。

　　用生数和成数，结合河图和洛书中的黑点和白点（代表阴数和阳数）看到：阳1生水，阴6成水；阴2生火，阳7成火；阳3生木，阴8成木；阴4生金，阳9成金；阳5生木，阴10成木。

　　把金、木、水、火、土五行代入河图、洛书中，就可以得出五行的生克关系。

　　河图数字1~10，是全数，是先天图，先天主生，以生为体，相生为顺时针旋转，得出五行相生的关系：土生金，金生水，水生木，木生火，火生土。

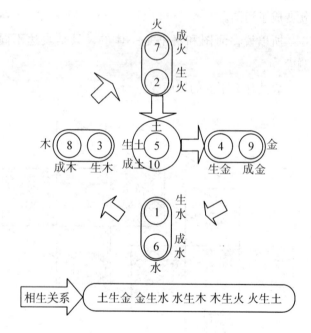

　　洛书数字1~9，是后天图，后天主克，以克为用，相克为逆时针旋转，得出五行相克的关系：土克水，水

克火，火克金，金克木，木克土。

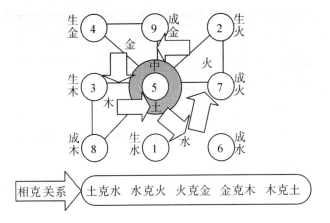

"造化之机不可无生，亦不可无制，无生而发育无由，无制则亢而为害。"（《类经图翼》）

相生相克就是阴阳的关系，是事物不可分割的两个方面。没有生，就没有事物的发生和成长；没有克，就不能维持事物的发展和变化中的平衡与协调。

没有相生就没有相克，没有相克就没有相生，这种生中有克，克中有生，相反相成，互相为用的关系推动和维持事物的正常生长、发展和变化。

☯ 先天八卦

伏羲根据河图、洛书的启示创立先天八卦，周文王在先天八卦的基础上推演后天八卦。

先天、后天是什么意思呀？

人以天为天，天以人为天，人被天制之时，人是天之属，人同一于天，天人合一，无所谓人，故为先天。先天之理，五行万物相生相制，以生发为主。河图顺时针旋动而相生，是先天之理。

人能识天之时，且能逆天而行，人就是天，乃天之天，人不是天之附属，不受天之驱使，天人相分，故为后天。后天之理，五行万物相克相制，以克制为主。洛书逆时针旋动而相克，是后天之理。

伏羲通过观察和认识自然之理作《易经》，为先天八卦；周文王为挣脱天命，推翻商朝而演《周易》，为后天八卦。

先天八卦是按照无极（太极）→两仪→四象→八卦（五行）→万事万物的思路形成的。

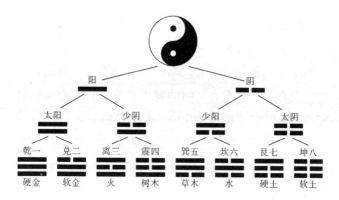

无极就是太极。太极是没有分化出阴阳的东西，处于混沌状态。无极是对太极的形容，之所以叫无极，就是无形无相、无色无味、无情无欲的"无"的状态，这是古人超越性的创造。

无极的太极生出了阴阳两仪。

两仪生四象：阳仪生出"太阳"和"少阴"两象，阴仪生出"少阳"和"太阴"两象。

四象生八卦："太阳"生"乾"和"兑"，"少阴"生"离"和"震"，"少阳"生"巽（xùn）"和"坎"，

"太阴"生"艮（gèn）"和"坤"。

八卦里面就包含着五行："乾"是阳金、硬金，"兑"是阴金、软金，"乾"和"兑"是五行"金"；"离"是火日，五行属"火"；"震"是阳木、树木，"巽"是阴木、草木，"震"和"巽"是五行"木"；"坎"是水月，五行属"水"；"艮"是阳土、石头，"坤"是阴土、软土，"艮"和"坤"是五行"土"。

其中，乾一、兑二、离三、震四、巽五、坎六、艮七、坤八，代表八卦的顺序。

八卦中，乾代表天，坤代表地，巽代表风，震代表雷，坎代表水，离代表火，艮代表山，兑代表泽。

这里面有个疑问，坎和兑有什么区别，好像都是水。坤是地、艮是山，地和山好像也差不多。

坎主明水，例如江河、湖海，坎属于五行"水"；兑为泽，是天上水，代表雨露、雾气等，兑和乾一样属五行"金"。坤和艮同属五行"土"，坤为藏（孕育），艮为止（停止、高山仰止）。

伏羲用"天地定位，山泽通气，雷风相薄，水火不相射"，把八卦排列起来。

天地定位是说乾、坤两卦，乾为天，居于上为南；坤为地，居于下为北。

山泽通气是说艮、兑两卦，艮为山，居右下为西北；兑为泽，居左上为东南。

雷风相薄是说震、巽两卦，震为雷，居左下为东北；巽为风，居右上为西南。

水火不相射是说坎、离两卦，离为火，为日，居左为东方；坎为水，为月，居右为西方。

下面就是伏羲的先天八卦图，上面的白鱼代表阳，下面的黑鱼代表阴，阳鱼的眼眼睛是阴鱼的尾巴、是黑的，阴鱼的眼睛是阳鱼的尾巴、是白的，二者紧紧环抱在一起顺时针转动。

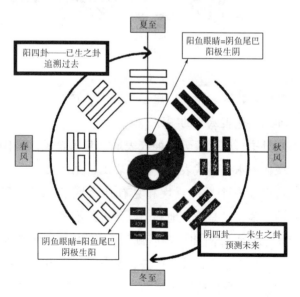

老子说：一阴一阳谓之道，就是说道的运行离不开矛盾的两个方面。孤阴不生，独阳不长，单独的矛盾一方是无法发展的。就如阴和阳、冷和热、有和无、祸和福、生和死、损和益、美和丑、智和愚、强和弱、难和易、攻和守、进和退、男和女等一系列对立面，离开任何一方都不能够独立存在，说明它们都是相互依存的。图中阳鱼和阴鱼紧紧抱在一起，形成一个整体，这就是对立统一。

我们看阳鱼，从下到上越来越大（白色部分越来越大），这是阳的力量在增加，如果用阳鱼的尾巴表示冬至，用阳鱼的眼睛表示夏至，那么从冬至到夏至，"热"的量在逐步增加；当到达阳鱼的眼睛，"热"的量增加到最大，处于夏至，这时候阳达到最大，物极必反，阳极生阴，达到最热的时候（阳鱼的眼睛），这是也是阴产生的时候（阳鱼的眼睛是阴鱼的尾巴），阳变出阴，热开始冷。量达到一定阶段，就产生了矛盾的另外一面，物极必反，也就是质量互变的道理。

太极图不是静止的，是顺时针不断转动的，阳鱼代表过去，已经发生过的事情；阴鱼代表未来，是还没有发生的事情。这可以看出，阳是向着阴的方向运动的，阴是向着阳的方向运动的。这就是否定之否定，阳否定一次变阴，阴再否定一次变阳，否定再否定又成为肯定。阳鱼转一圈先变成阴鱼又变回阳鱼（阳否定再否定）后，貌似还是阳，但是和以前的阳已经不是同一个阳了，这就是螺旋上升。历史上的朝代好像都是盛极而衰、衰极而盛，可这下一个朝代的盛和上一个朝代的盛，已经不是同一个盛了。

按照乾一、兑二、离三、震四、巽五、坎六、艮

七、坤八的卦序，就可以看到八卦变化顺序。如下图。

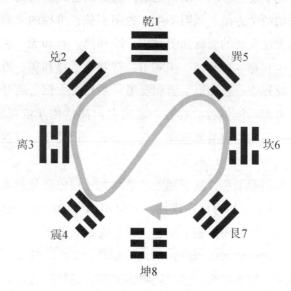

下图是按照八卦的变化顺序推演到六十四卦，展现出六十四卦的卦序。

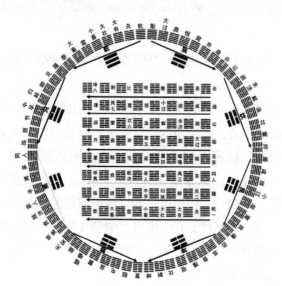

把八卦的五行属性带入太极图中，可以看到先天八卦中的五行是按照"8"字顺序相克的。

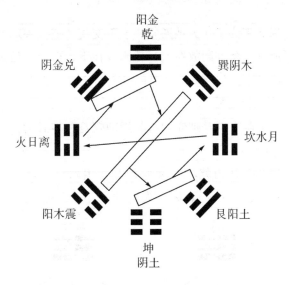

而洛书的五行也相克，在实际应用中，先天八卦要与洛书配合起来使用。

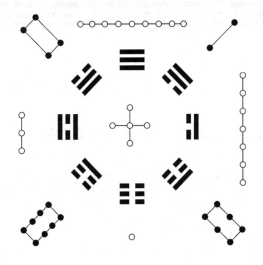

☯ 后天八卦

　　周文王为了让天地通气、上下交流，把伏羲的八卦做了调整，将坤阴放在上、乾阳放在下，形成了后天八卦。周文王把伏羲先天八卦的"对待之易"改为后天八卦的"流行之易"。

　　坤上乾下就是把先天八卦里的乾卦和坤卦的位置对调一下吗？

　　周文王认为乾坤（天地）交变生六子：巽（风），震（雷），坎（水），离（火），艮（山），兑（泽）。

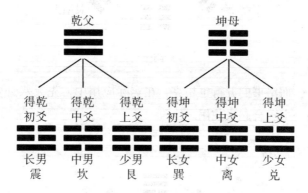

　　乾坤是八卦之门，是八卦的父母。乾坤交合生六子，三儿三女。

　　震得乾之初爻，是长男；坎得乾之中爻，是中男；艮得乾之上爻，是少男。

　　巽得坤之初爻，是长女；离得坤之中爻，是中女；兑得坤之上爻，是少女。

　　震、艮、坎、乾是阳卦，位于下方；巽、离、坤、兑是阴卦，位于上方。就构成了下图，即是后天八卦。

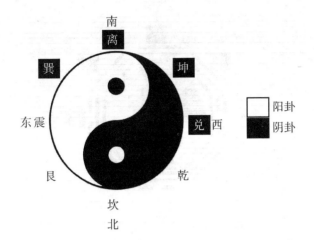

后天八卦用洛书之数，形成后天八卦的卦序：坎一、坤二、震三、巽四、中五、乾六、兑七、艮八、离九。

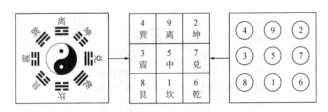

把五行属性带入后天八卦中，可以看到后天八卦中的五行是按照顺时针顺序相生的。

而河图是五行相生，在实际应用中，后天八卦要与河图配合起来使用。

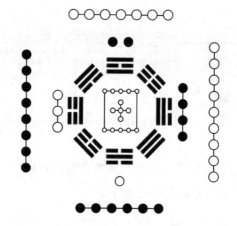

☯ **五行生克**

夜空中最亮的星——水星、金星、火星、土星、木星，古人早已观察到，而距离较远的天王星、海王星、冥王星肉眼则不易发现。

古人认为这五大行星对地球的影响比较大，也有不少人认为河图和洛书是星相图。

河图就记载了五大行星的出没，火星二月、七月在南方出现，木星三月、八月在东方出现，金星四月、九月在西方出现，土星五月、十月出现于中天，水星十一月、六月在北方出现。

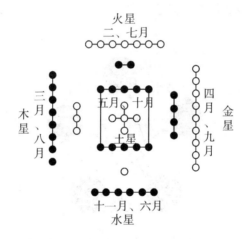

五行来源于天象，然后再把五行相生相克的规律推演到万事万物中。

五行相生，"生"含有资生助长和促进的意义。相生的次序是：木生火，火生土，土生金，金生水，水生木，循环不尽。

五行之中任何一行都具有"生我者"和"我生者"；生我者为"母"，我生者为"子"，所以五行的相生关系，又叫"母子关系"。以火为例，生我者木，则木为火之母；我生者土，则为火之子。

五行相克，"克"含有制胜、制约和克服的意思。相克的次序是：木克土，土克水，水克火，火克金，金克木。

五行中任何一行都具有"克我者"和"我克者"两方面的联系。克我者为我所不胜，为我"主"；我克者为我所胜，为我"从"；所以五行的相克关系，又叫"主从关系"。《黄帝内经》中也把相克关系称为"所胜"和"所不胜"的关系。以火为例，克我者为水，我克者为金，那么金就是火之"所胜"，水就是火之"所不胜"。

在相克的关系中，引起乘侮的原因就是"克者"与"被克者"的力量悬殊。

在相克的关系中，过分克制（"克者"过强），以强凌弱，克者凌驾于被克者，克者乘机侵袭被克者，就是相乘。

在相克的关系，克制不足（"克者"过弱），反被"被克者"欺侮，"被克者"反过来克"克者"，就是相侮。

比如，火克金、金克木，当金亢盛，金不仅能克木，而且还会趁机侵袭、破坏木，称为"金乘木"；金能量充沛，金不仅不受火的克制，反而对火进行反侮（反克），称作"金侮火"。

而当金衰弱时，火不仅要克金，而且还会趁机侵袭、破坏金，称为"火乘金"；金十分虚弱，木不仅不受金的克制，反而对金进行反侮（反克），称作"木侮金"。

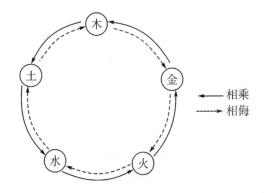

五行中的相生和相克不是独立的，而是生中有克，克中有生。

没有生，就没有事物的发生和成长；没有克，事物就会过分亢盛而为害。

五行制化就是通过相制和相化来调节矛盾，维持平衡。

相制就是借助"我生者"来制约"克己者"。例如，金克木，木可以借助自己所生的火来反克金。

相化就是借助"我生者"来滋养"我克者"。例如，金克木，金可以借助自己所生的水来滋养木。

五行相生相克关系十分有趣，可以应用在万事万物中，特别是在中医领域，五行生克被大量应用。

战国时期的阴阳家邹衍还用五行推算朝代国运。邹衍创立了五德终始说。他把五行作为五种德性（金德、木德、水德、火德、土德）赋予各个朝代。

五行有相生相克之说，认为禅让为五行相生，革命起义为五行相克。

"终始"指"五德"的周而复始的循环运转。

邹衍以此学说来解释历史变迁和王朝更替。

夏朝是木德

商朝是金德

周朝是火德

秦朝是水德

汉朝是土德

魏朝是木德

晋朝是金德

南北朝火德

隋朝是水德

唐朝是土德

宋朝是木德

元朝是金德

明朝是火德

清朝是水德

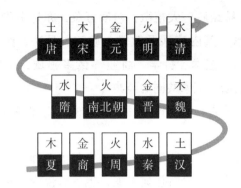

中国历史上的朝代很多，每个朝代属于什么德性，有很多说法，一旦一朝排错，后面都错。

五德终始说在古代相当流行。所以，在春秋时期，邹衍游历各国，享受的是诸侯般的高规格待遇，而孔子游历各国，却处处碰壁。

秦始皇也很喜欢五德终始理论。

其实，历代王朝都很关心自己的德运属于哪种五行，因为关乎正统和天命。因此，一些朝代时不时就把五行改来改去。

五行理论用在朝代更替不一定正确，不过每个朝代的五行生化克制关系是有理可循的。德不配位必有所失，从古至今，德不配位且五行被克最大的影响就是朝代更替过快，因此儒家一直在强调德治。

群经之首

《易经》是一部博大精深、包罗万象的辩证法哲学书，中国的哲学家无不是精通《易经》之人，后面各章会详细介绍。

《易经》涵盖万有，纲纪群伦，是中国文化的杰出代表；《易经》广大精微，包罗万象，亦是中华文明的源头活水。其内容涉及哲学、政治、兵法、医学、生活、文学、艺术、科学、商业等诸多领域，是群经之首，是儒家、道家共同的经典。

各位读者，看完这些《易经》的入门知识有什么感想呢？

无极、太极、阴阳、五行感觉很虚无缥缈、胡编乱造、牵强附会，没有任何根据，想怎么说就怎么说，搞的玄之又玄，可以说《易经》是在胡说八道吗？

其实，可以把无极理解为"道"或者"规律"，类似西方哲学家黑格尔的绝对精神。

现在科学都研究原子、分子、夸克、宇宙大爆炸、黑洞理论了。《易经》还把几千年前五行（金、木、水、火、土）、八卦（天、地、水、火、雷、风、山、泽）认为是构成万事万物的基本元素，这也太落伍了吧？

实际上《易经》从来不落伍，几千年来，金、木、水、火、土也好，水、火、雷、风、山、泽也罢，可曾发生过改变？用这些自然界的事物取象，然后去推演万物的规律，正是《易经》所具备的不易与变易。

中国历代的哲学家、科学家、儒道佛家，无不是熟读、精通《易经》者，这些谙熟《易经》者没人认为《易经》是迷信，反而一直认为《易经》是群经之首。

《易经》是哲学的哲学。中国哲学诸子百家，其思想源头无不出自《易经》。

西方哲学是建立在质疑与超越的基础上，质疑前人的理论，并创建新的哲学体系。

中国哲学是建立在继承与发展的基础上，从来没有人说自己的体系是在否定和批判伏羲八卦，而是说是在伏羲八卦上推演、开创的。

难道我们中国人没有质疑精神、没有批判精神吗？

当然不是，因为《易经》本来就没有束缚我们。

《易经》不限制人，不同时代、不同背景都可以有不同的解读，用现在最流行的"解构主义哲学"来看，《易经》真正具备延异性。

《易经》是延续的，是永远未完成的。《易经》是永远也解释不清楚、解释不完的，古往今来都在解读；即使是同一个人看《易经》，每次的感受也不同。

《易经》也是差异的，不同人看《易经》的不同感受，领悟不同。

翻看《周易》里面对每一个卦的卦辞与爻辞，这些内容只是前人对《易经》的解读，你说这些卦辞和爻辞所说的是对还是错呢？

答案是既对又错，有对有错，时错时对，错就是对，对就是错。

这种答案用西方的逻辑学看实在不合逻辑、不可思议。对就是对，错就是错，搞什么错就是对，又对又错？如果考试让你做判断题，你在后面的括号里打上又对又错，不挨骂才怪！

这是因为西方哲学是自然科学的"跟屁虫"，当把自然科学的逻辑用在人事社会中就很难推行，即使推行了也很机械。

数学家笛卡尔建立解析几何，推导出很多命题，西方哲学家就总结这种方法为演绎法，坐在屋子里思考演算得出知识。

物理学家牛顿观察自然、反复试验提出牛顿三大定律，西方哲学家就把这种方法总结为归纳法，通过大量观察实际得出知识。

生物学家达尔文提出轰动一时的进化论的时候，西方哲学家就总结出进化论的方法用在各个学科中。

当实证研究方法流行的时候，大家又一窝蜂地去搞实证研究，自然科学、社会科学都用数字量化一切东西，然后找出这些东西之间的数学关系。

西方哲学家大多是科学家，他们把自己的科学发现总结成研究方法去推广。这样是很好，但不足之处在于把哲学搞成了科学的"跟屁虫"，根本没有办法指导科学，落后有余而超前不足。

现实生活中有很多事情是没有办法评价对错、好坏的。小到夫妻吵架，一般公司的运营决策；大到国家制定政策，哪个政策好？哪个不好？用好坏、对错去评价，可能永远也没有答案。因为每一方都是又对又错，有对有错，时错时对，错就是对，对就是错，错会转化为对，对也会转化为错。站在不同角度、不同立场、不同利益、不同背景，对错的判断也不同。即使是同一个人，角度一变、位置一变、环境一变，以前他坚持的观点可能马上变成他抨击的观点。

很多时候，没有对错，只有合适与否。

不搞出个标准答案、没有稳定规律还怎么进行科学研究？难道《易经》只适合应用在社会管理中，不适合用于科学研究吗？

《易经》包罗万象，可以用在任何地方。你是科学家，可以用《易经》来辅助科学研究；你是管理者，可以用《易经》来辅助企业管理；你是医生，可以用《易经》来辅助医疗……

《易经》没有束缚，并没有阻碍中国人的创新，反而更有助于推进科技创新和发明。

有人说到科技就来气：说《易经》好，那为什么中国科学会落后西方？

科技落后并不只是哲学和哲学家的事情，更多的是科学家的事情。为什么出不了那么多科学家，看历史就会了解是各种因素造成的，一句话也说不完。但把科技落后归结于中国哲学，并以此来否定中国哲学，是十分荒谬的！

历史运程在那个位置，神仙都改变不了，哲学更改变不了，《易经》只能告诉人们事物发展的道理。

起起伏伏就是《易经》展现的阴阳变化之理，落后中孕育着先进，先进中包藏着落后的种子；没有永远的先进与落后，风水在轮流转。

伏羲的八卦就是一幅太极八卦图，真能包含那么多道理？

中国哲学的魅力正是在于"一画开天"，从无极开始，推理到万事万物，很具有整体性，因而《易经》历经千年而不衰。

那么掌握《易经》就掌握一切了吗？

《易经》虽然是群经之首，是伟大的哲学，告诉人们万事万物变化的规律，提供一种思路，指导人们的研究、实践与生活。

但《易经》不是仙术，它毕竟只是哲学，没有人说看完哲学就会发明机器了，就会给人治病了，就会管理企业了……

如果有人告诉你学了《易经》就掌握了宇宙规律，就可以预知未来，像模像样地占卜起来，那绝对是骗子。

一些中医不应用现代科学技术、不创新发明、不剖析原理、不临床试验，有的中医甚至文化程度很低，只背诵了《黄帝内经》和《易经》就来看病，还要吹嘘祖传秘方，包治百病，最后往往被人们骂为骗子。

西方的科学和医学也不是光读读哲学就能得来的。

哲学是不能看病的，看病要经过反复的临床实验和艰苦的学习探索。

中国哲学和西方哲学并没有分歧，和现代科学也没有冲突，它们都是在认知人类共同的世界。

中国哲学只是说这是中国人发明的哲学，它是反映客观世界的，人类可以共用。

就像西方哲学并不只是适合西方人一样。

中国哲学是有深度的、是超越性的、不是马后炮，不仅能带给人知识，也能带给人智慧。中国哲学是情性的，是温暖的。再大的烦恼和痛苦，《易经》都会告诉你否极泰来，让你学会韬光养晦，酝酿等待。这也是中华民族历经磨难而不倒的精神。

再伟大的业绩，再崇高的赞美，《易经》都告诉你祸福相依，这不是你个人的功劳，要谨慎小心，持之以恒，泰然处之。这也是中华民族优秀而不炫耀，温良谦和的品质。

一些人遇到困惑以为看哲学能得到慰藉，就跑去看西方哲学。大多数西方哲学家都是科学家，大部分西方哲学流派都是讲科学研究方法的，如果是科研人员看看倒是合适，如果是找寻慰藉的人去看，要么看不懂睡着了，要么看哭了，感觉这哲学怎么好像尽是在讲数理化呀！

不像西方哲学理性的冰冷，中国哲学看到的是社会的、历史的情景，是活生生的人类生活。

古人认为外物不能根本解决人类的问题，他们更注重心性的修养。

诸子的"崇本抑末"思想反对"奇技淫巧"，反对"重利轻义"，在一定程度上抑制了科技和物质文明的发展。

孔子提出"仁爱"，一切礼法和制度以"仁爱"为核心。

朱熹提出"主敬"，要正心诚意地做事情。

西方人只知道研究的方法，而我们不仅有格物致知的研究方法，还要做正心诚意的研究。

因为种种原因，我们一度忘却了伟大的《易经》，直至现代，还是有很多人去谩骂中国哲学，把科技落后、封建统治、迷信愚昧都归罪于中国哲学。这是非常令人痛心的！

《易经》并不限定人，任何人任何时代都可以有自己的解读，都可以去丰富和发展《易经》。这就是它的时空超越性，虽千年而历久弥新。伴随中国的富强，《易经》在世界上必定会更加光彩夺目！

第二章

老子：天道与人德

老子

☯ 老子解易

《易经》真有说的那么好、那么神奇吗？河图、洛书、太极八卦几张图就能包罗万象啦？

中国的哲学家都离不开《易经》、几乎都精通《易经》，他们应用《易经》来进一步发展哲学。《易经》是哲学的哲学。

中国先秦的百家争鸣也好，秦后的儒道佛也罢，都是出于《易经》。《易经》是大道之源、群经之首。

所谓的百家，所谓的儒道佛，只是名字上的差异，其本质上都是一家，那就是《易经》。

不同之处在于他们从不同角度去解释《易经》。

如果想深入了解《易经》，最好先去看《道德经》和《黄帝内经》，这两本书是对《易经》最好的注解。

那我们就来看看老子的哲学吧，老子的《道德经》就是在解释阴阳太极图。

伏羲只是画了太极八卦，只是一幅图像。人们感觉很难理解，这东西到底表达什么意思，该怎么用呢？

周文王和孔子作《周易》来解释《易经》，告诉大家《易经》的道理，《周易》名字里就有"易"，全书都是卦名、卦象、卦辞、爻辞，满书都是"易"，一看就是在解释《易经》。

难道《易经》的意思就是《周易》解释的这样吗？

我们说过了，《易经》是开放的，《周易》只是周文王和孔子对《易经》的解释。

孔子效仿圣人，积极有为，周游各国，谋求恢复礼制，用仁和礼来治国。

老子和孔子的看法并不相同，在老子看来，孔子所说的圣人有什么好？礼也不是自然形成的东西，定那么高的道德标准作什么？

"圣人不死，大盗不止""圣人不仁，以百姓为刍狗""绝圣弃智，民利百倍；绝仁弃义，民复孝慈"。老子的无为而治与孔子的有为而治思想不同，就像阴和阳一样是对立统一的，是治国理政的两个方面。

老子《道德经》中的圣人和孔子所说的圣人意思不同。

孔子的圣人就是指周文王、周公，再广泛点还包括尧、舜、禹。

老子所说的圣人就是掌握道、顺应道、具备德的人。

老子用《道德经》来解释《易经》，但全篇没有一个字提及《易经》，没有一个卦名，没有一个卦象，没有一句卦辞、爻辞，不露痕迹，却把太极图解释得淋漓尽致，实在是水平高！

老子的《道德经》其实就是在解释和应用下面这个太极图。

光看这图一头雾水，它代表什么，又有什么用？

老子看了太极图，说这代表道，道就是宇宙运行的规律——天道。

人类呢，也是要顺应宇宙的规律。人类社会顺应宇宙的规律（天道）就形成人类社会的规律（人道）——人德。

《道德经》就是讲两部分内容，道（自然规律）和德（人类社会规律）。

道是天道，是效法自然的道，而不是人为的。

人为的一切，是与自然相背离的，"人为"两字合起来就是一个"伪"字。

老子主张顺从天道，而摒弃人为，摒弃人性中那些伪的杂质。顺从天道，从而与天地相通，人道顺从天道就是老子所说的德。

老子看来，真正的生活是自然而然的，因此不需要去教导什么，不需要去规定什么，而是要去忘掉什么，抛却成见、心机、分别心。

他认为哪里需要什么政治宣传、礼乐教化、仁义劝导。这些都是人为的"伪"，所以要摒弃它。无为就是不违背自然规律，就是不要人为地、不顾自然规律地恣意妄为。

道与德就是老子的核心思想。

一般认为《道德经》全文的81篇，前37篇是讲道的，是《道经》；后44篇是讲德的，是《德经》。

《道德经》共81章。其实《道德经》并不长，全文也就是5 000多字，每一段就是一章，总共81段。

这正是辩证法的道理，越是长篇大论，内容越少；越是简单，内容越丰富。

实际上，老子的道和德常常混在一起讲，上半段说自然规律——道，下半段就对应说人应该怎么做——德。

老子的《道德经》同样是超越时空的，几千年都绽放着生命力。在讲这部分的时候，我只是把古文写成浅显的现代话，其深刻的含义，永远也写不完，深层的东西读者可以慢慢去品味、感悟、领会。

《道德经》从什么是道、阴阳对立统一、道的运行、如何为道等方面阐释道；从修身、治国、战争、外交等方面阐释德。

《道德经》本来是没有小标题的，为了便于读者理解，我在每一章归纳了一个小标题，编号对应其在《道德经》中的章目。

☯ 什么是道

什么是道？什么是太极？宇宙是怎么形成的？

第一章　玄之又玄的道

道可道也，非恒道也。（道如果可以用语言来表述，非真正意义上的道）

名可名也，非恒名也。（可以明确定义的名，非真正意义上的名）

无名，天地之始也；有名，万物之母也。（天地的开始是"无"，"有"生成万物）

故恒无欲也，以观其眇；（要从"无"中去领悟道的奥妙）

恒有欲也，以观其所徼。（要从"有"中去体会道的端倪）

两者同出，异名同谓。（无与有，来源相同而名称不同）

玄之又玄，众妙之门。（道很玄妙、深远的，是洞悉一切奥妙的门径）

第四章 浩瀚无边、用之不竭的道

道冲，而用之或不盈。（道好像一个空虚的东西，永远也用不完）

渊兮！似万物之宗。（浩瀚无边啊！像万物的祖宗）

挫其锐，解其纷，和其光，同其尘。（消磨锋芒，解脱纷扰，调和光辉，混同尘垢）

湛兮！似或存。（隐没不见了，但好像又存在）

吾不知谁之子，象帝之先。（我不知"道"是哪里来的，似乎先于天帝）

第十四章 恍惚的道

视之不见，名曰夷；听之不闻，名曰希；搏之不得，名曰微。（看不到叫夷，听不见叫希，摸不到叫微）

此三者，不可致诘，故混而为一。（道的这三个特征无从考究，是混为一体的）

其上不皦，其下不昧，（道的上面不显得光明，道的下面也不显得晦暗）

绳绳兮不可名，复归于无物。（无头无虚、延绵不绝，实在没法下定义，就叫无吧）

是谓无状之状，无象之象，是谓恍惚。（道是没有形状的形状，是无形象的形象，道就是似有似无的恍惚）

迎之不见其首，随之不见其后。（往前追溯看不到开始，往后跟随找不到尽头）

执古之道，以御今之有。（把握住早已存在的道，以驾驭今天的物和事）

能知古始，是谓道纪。（认识宇宙的初始，就把握

住了道的规律）

第二十一章　道的样子

孔德之容，惟道是从。（德就是道的表现）

道之为物，惟恍惟惚。（道就是似有似无的恍惚样子）

惚兮恍兮，其中有象；（恍惚却生成了形象）

恍兮惚兮，其中有物；（恍惚却生成了万物）

窈兮冥兮，其中有精；（深远、幽暗中有精华）

其精甚真，其中有信。（道的精华是真实的，是可以验证的）

自今及古，其名不去，以阅众甫。（从现在追溯到上古，道从未失去过，它是万众之父）

吾何以知众甫之状哉？以此。（我是如何知道万事万物之父道的样子的呢？就是用的这个方法）

第二十五章　道的运行

有物混成，先天地生。（有一个东西混然而成，在天地形成前就已经存在了）

寂兮寥兮，独立而不改，周行而不殆，可以为天地母。（寂静空虚，独立存在永恒不变，周而复始永不衰竭，可以认为是万物的本原）

吾不知其名，强字之曰道，强为之名曰大。（我不知道它叫什么名字，给它起一个名字叫道，再勉强起一个名字叫大）

大曰逝，（道广大无边而运行不息）

逝曰远，（运行不息而又延伸深远）

远曰反。（延伸深远而又返回本原）

故道大，天大，地大，人亦大。（因为道的宏大，天、地、人都按照道的规律运作）

域中有四大，而人居其一焉。（人占据四大之一）

人法地，地法天，天法道，道法自然。（人遵循地的规律、地遵循天的规律、天遵循道的规律，道就是自然）

第四十二章　道生万物

道生一，一生二，二生三，三生万物。（道是太极、无极，道生阴、阳，阴阳生阴、阳、阴阳混合，阴、阳、阴阳混合生万物）

万物负阴而抱阳，冲气以为和。（万物都是背阴而向阳的，在阴阳中达到平衡）

人之所恶，唯孤、寡、不谷，而王公以为称。（人们最厌恶孤、寡、不谷，而王公却用这些词来称呼自己）

故物或损之而益，或益之而损。（万物因减损反而得到增加，因增加反而得到减损）

阴阳对立统一

第二十二章　不争，故天下莫能与之争

曲则全，枉则直，（弯曲就会保全，大的弯曲则像是一条直线）

洼则盈，敝则新，（低洼便会充盈，陈旧便会更新）

少则得，多则惑。（少取便会获得，贪多就会迷惑）

是以圣人抱一为天下式。（圣人坚守道应对天下万事万物）

不自见，故明；（不自持己见反能明白事理）

不自是，故彰；（不自以为是反能彰显是非）

不自伐，故有功；（不自负蛮干反能获得成功）

不自矜，故长。（不自高自大反而能做众人之长）

夫唯不争，故天下莫能与之争。（正因为不与人争，天下反而没有人能与他争）

古之所谓"曲则全"者，岂虚言哉？（古人所说的"曲则全"，怎么会是空话呢？）

诚全而归之。（是实实在在能够达到的）

第二十四章　欲速不达

企者不立，跨者不行；（翘起脚跟想要站得更高，反而立不住；迈起大步想要走得更快，反而行不远）

自见者不明，自是者不彰；（自持成见不能明白事理，自以为是不能彰显智慧）

自伐者无功，自矜者不长。（自我蛮干只能无功而返，自高自大不能做众人之长）

其在道也，曰余食赘形，（这些急躁炫耀的行为用道来看，都是些剩饭赘瘤）

物或恶之，故有道者不处。（这些都是人们厌恶的东西，有道者绝不会这样做）

第三十六章　柔弱胜刚强

将欲歙之，必固张之；（将要收复的，必是原来扩张过度的）

将欲弱之，必固强之；（将要削弱的，必是原来加强过头的）

将欲废之，必固兴之；（将要废除的，必是原来大

兴建设的)

将欲取之，必固与之。(将要夺取的，必是原有被迫给予的)

是谓微明。(这是微妙简明的道理)

柔弱胜刚强。(柔弱胜过刚强)

鱼不可脱于渊，国之利器不可以示人。(鱼儿离不开水，国家行政法治不可以轻易用来吓唬人)

第四十章　太极的运动

反者道之动，(物极必反是道运行的规律)

弱者道之用。(削弱强的一方是道的作用)

天下万物生于有，(天下万物产生于有形的物质)

有生于无。(有形的物质产生于无形的道)

第四十一章　遵循道才能善始善终

上士闻道，勤而行之；(上士闻听悟道的方法，努力去实行)

中士闻道，若存若亡；(中士闻听悟道的方法，半信半疑)

下士闻道，大笑之。(下士闻听悟道的方法，嗤之以鼻哈哈嘲笑)

不笑不足以为道。(这种人不笑不足以证明大道的可贵)

故建言有之：(古时有这样的话)

明道若昧，(光明的道好似昧暗)

进道若退，(前进的道好似后退)

夷道若纇。(平坦的道好似崎岖)

上德若谷，广德若不足，(崇高的德好似虚谷，广

大的德好似不足）

建德若偷，质真若渝。（修德的过程好似偷懒怠惰，质朴纯真好似没有开化）

大白若辱，大方无隅，（最洁白的好似有瑕疵，最方正的好似没有棱角）

大器晚成，大音希声，（贵重的器皿成型于精细的雕琢，最大的声响反而无声无息）

大象无形，道隐无名。（最大的形象是没有形状，道幽静隐蔽而无声无名）

夫唯道，善贷且成。（只有遵循道，才能善始善终达到成功）

第四十五章　清静无为

大成若缺，其用不弊。（最完满的东西好似欠缺，但它的作用永不衰竭）

大盈若冲，其用不穷。（最充盈的东西好似空虚，但它的作用永无穷尽）

大直若屈，（最正直的东西似有弯曲）

大巧若拙，（最灵巧的东西好似笨拙）

大辩若讷。（卓越的辩才看起来木讷）

静胜躁，寒胜热。（宁静克服干扰，寒冷克服炽热）

清静为天下正。（清静无为是天下正道）

第八十一章　为而不争

信言不美，美言不信。（可信的不动听，动听的不可信）

善者不辩，辩者不善。（善表达的不说巧话，说巧话的不善于表达）

知者不博，博者不知。（知识渊博的不卖弄，卖弄的都是没知识的）

圣人不积，（有道的人不存独占之心）

既以为人己愈有，（尽全力帮助他人，自己也更充足）

既以与人己愈多。（尽全力扶持他人，自己也更丰富）。

天之道，利而不害；（自然规律就是利万物而不妨害万物）

圣人之道，为而不争。（有道的人不与民争利）

☯ 什么是德

第五十一章 滋养而不主宰

道生之，德畜之，物形之，势成之。（道生成万物，德养育万物，万物形成，力量增强）

是以万物莫不尊道而贵德。（万物都尊崇大道而且珍贵大德）

道之尊，德之贵，夫莫之命而常自然。（尊道贵德不是人的命令，而是自然的规律）

故道生之，德畜之；长之育之；成之熟之；养之覆之。（道生万物、德育万物，道德使万物生长、成熟，受到抚养、保护）

生而不有，为而不恃，长而不宰。（生育万物而不占为己有，无所不为而不自恃有功，引领万物而不主宰）

是谓玄德。（这就是恩泽天下最好的道德，即下文所说的上德）

第三十八章 处实去华

上德不德，是以有德；（具备上德的人不会满口仁义道德，是真正的有德的表现）

下德不失德，是以无德。（具备下德的人时时处处讲道德，是没有道德的表现）

上德无为而无以为；（得道者顺应规律而无心作为）

下德无为而有以为。（崇尚德的人，顺应规律而有意作为）

上仁为之而无以为；（崇尚仁的人，不顾规律而不自觉作为）

上义为之而有以为。（崇尚义的人，不顾规律而有意作为）

上礼为之而莫之应，则攘臂而扔之。（崇尚礼的人，要是没人回应他，就恨不得抓住胳臂使人强从）

故失道而后德，失德而后仁，失仁而后义，失义而后礼。（道是最高层次的、礼是最低层次的：无道才会讲德，无德才会讲仁，无仁才会讲义，无义才会讲礼）

夫礼者，忠信之薄，而乱之首。（礼是忠信不足的表现，是祸乱的开端）

前识者，道之华，而愚之始。（能预测未来的人，不过是道的虚华，愚昧的开始）

是以大丈夫处其厚，不居其薄；（因此大丈夫立身要敦厚淳朴，不能够忠信浅薄）

处其实，不居其华。故去彼取此。（所以要采取朴实而摒弃虚华）

第七十七章 天道人道

天之道，其犹张弓与？（自然的规律，不就像张弓射箭吗?)

高者抑之,下者举之;(弦拉高了就压低一些,压低了就抬高一些)

有余者损之,不足者补之。(弦拉的太满了就放松一点,拉的不足就补充力量)

天之道,损有余而补不足。(自然的规律是减少有余的,补给不足的人)

人之道,则不然,损不足以奉有余。(人类社会的规律则不同,是要减少不足的,来奉献给有余的人)

孰能有余以奉天下,唯有道者。(谁能够减少有余的,补给天下不足的人呢?唯有得道的人)

是以圣人为而不恃,功成而不处,其不欲见贤。(有道的圣人有所作为而不占有,有所成就而不居功,他不希望成为圣贤)

☯ 如何为道

第四十八章　为道日损

为学日益,为道日损。(学习是日渐积累的过程,求道是日渐淡忘的过程)

损之又损,以至于无为。(减少又减少,最后达到无为的境界)

无为而无不为。(因为不妄为而有所作为)

取天下常以无事,(治理天下的人要以不骚扰人民为本)

及其有事,不足以取天下。(如果用苛刻繁杂政令扰害民众,就不配治理天下)

第五十二章　不被欲望蒙蔽大道

天下有始，以为天下母。（天地万物都有起始，这个起始就是道）

既得其母，以知其子，（通过道来认识道产生出的万物）

既知其子，复守其母，（通过对万物的认识再来印证道）

没身不殆。（这样做就会万无一失）

塞其兑，闭其门，终身不勤。（堵塞感官之窍，封闭欲望之门，终生不会烦扰）

开其兑，济其事，终身不救。（开启欲望之门，增添纷扰之事，那就不可救药）

见小曰明，守柔曰强。（能观察到细微的是圣明，能保持柔和的是坚强）

用其光，复归其明，（用道的光，让自己归于贤明）

无遗身殃，是为袭常。（就不会给自己带来灾难，这就是承袭大道）

第六十七章　我有三宝

天下皆谓我道大，似不肖。（天下都说道广大，不像任何东西的样子）

夫唯大，故似不肖。（正是因为它的广大，所以才不像任何东西）

若肖，久矣其细也夫！（道若是像某一个具体的东西，那么道就不是道，只是细节末节）

我有三宝，持而保之。（我们有三件法宝坚守、保持着）

一曰慈，二曰俭，三曰不敢为天下先。（慈爱、俭

朴、不敢独占功劳）

慈故能勇；（有慈爱之心才能激发勇敢的斗志）

俭故能广；（有俭朴行为才能产生广大的美德）

不敢为天下先，故能成器长。（不敢独占功劳，才能成为人们器重的首领）

今舍慈且勇；舍俭且广；舍后且先；死矣！（现在舍弃慈爱去追求勇武，舍弃俭朴去追求美德，舍弃求实而去沽名钓誉，这是没有出路的）

夫慈以战则胜，以守则固。（以慈爱之心，出战则必胜，防守则固若金汤）

天将救之，以慈卫之。（天要救助谁，必以慈爱来卫护他）

☯ 修养身性

第二章　矛盾世界无为对待

天下皆知美之为美，斯恶已。（天下皆知美之所以为美，是因为有丑陋的存在）

皆知善之为善，斯不善已。（天下皆知善之所以为善，是因为有不善的存在）

有无相生，难易相成，长短相形，高下相盈，音声相和，前后相随。

恒也。（这是永恒的规律）

是以圣人处无为之事，行不言之教；（有道的人用无为的思想行事，用不言的方式施教）

万物作而弗始，生而弗有，（顺应万物的发展规律而不横加干涉，生养万物而不据为己有）

为而弗恃，功成而不居。（有所作为而不施加个人

的意志，成就功业而不自居）

夫唯弗居，是以不去。（因为不居功，所以也无所谓失去）

第十三章 贵身

宠辱若惊，贵大患若身。（受到宠爱或侮辱都会惊慌，把荣辱这样的大患看的和身体一样重要）

何谓宠辱若惊？

宠为下，得之若惊，失之若惊，是谓宠辱若惊。（宠爱是卑下的，得到宠爱就十分惊喜，失去宠爱就格外惊恐）

何谓贵大患若身？

吾所以有大患者，为吾有身，（我患得患失，是因为我有身体）

及吾无身，吾有何患？（如果我没有身体，我何必患得患失呢？）

故贵以身为天下者，若可寄天下；（以珍贵身体的态度治理天下，天下才可以交寄给他）

爱以身为天下者，若可托天下。（以爱惜身体的观念治理天下，天下才可以托付给他）

第三十三章 自知

知人者智，自知者明。

胜人者有力，自胜者强。

知足者富。

强行者有志。（克服困境勇敢前行的人有志气）

不失其所者久。（不迷失方向的人能够长久）

死而不亡者寿。（人虽死而精神永存的才叫长寿）

第四十四章　知足、知止

名与身孰亲？（名声与生命哪一样更亲切）

身与货孰多？（生命与货利哪一样更贵重）

得与亡孰病？（贪图名利与放弃生命哪样是病态）

甚爱必大费；多藏必厚亡。（过分贪爱名利必定大费其神，过分收敛财物必定大伤其身）

故知足不辱，知止不殆，可以长久。（懂得满足才不会受辱，适可而止便不会遭殃）

第五十四章　修身齐家治国平天下

善建者不拔，（善于建立德性的人坚毅不拔）

善抱者不脱，（善于抱持大道的人永不松脱）

子孙以祭祀不辍。（成为子孙不断祭祀效仿的榜样）

修之于身，其德乃真；（把这个道理用来修身，德性就会真实纯真）

修之于家，其德乃余；（把这个道理用到家庭，德性就会充实有余）

修之于乡，其德乃长；（用这个道理建设家乡，德性就会长久传颂）

修之于邦，其德乃丰；（用这个道理治理邦国，德性就会丰富盈满）

修之于天下，其德乃普。（把这个道理付诸天下，德性就会普照万物）

故以身观身，以家观家，以乡观乡，以邦观邦，以天下观天下。（所以从一个人的身上可以观察一个人的德行，从一个家庭、乡、国家、天下的德性可以了解这个家庭、乡、国家、天下的情形）

吾何以知天下然哉？以此。（我是怎么知道天下的情况就是如此的呢，就是用以上的方法推断的）

☯治国

第三章 不妄为

不尚贤，使民不争；（不刻意招贤，使民众不去争名）

不贵难得之货，使民不为盗；（不稀罕难得之货，使民众不去偷盗）

不见可欲，使民心不乱。（不显耀引起贪欲的事物，使民心不被迷乱）

是以圣人之治，（有道的人是这样治理的）

虚其心，实其腹，（排空民众的心机，填饱他们的肚子）

弱其志，强其骨。（减弱民众的竞争意志，增强他们的筋骨体魄）

常使民无知无欲。（使民众没有野心、心机、智巧，没有贪欲）

使夫智者不敢为也。（让那些有才能的人也不敢妄为造事）

为无为，则无不治。（以无为的方式去治理国家，没有治理不好的）

第五章 守中

天地不仁，以万物为刍狗；（天地是无所谓仁义、仁慈的，任凭万物像草狗那样自生自灭）

圣人不仁，以百姓为刍狗。（圣人也是没有仁爱的，

像对待草狗一样对待百姓，任凭百姓自作自息）

天地之间，其犹橐籥乎？（天地之间不就像个大风箱一样吗？）

虚而不屈，动而愈出。（虚空但没有穷尽，越鼓动风就越多）

多言数穷，不如守中。（政令繁多却更加行不通，不如顺其自然、保持虚静）

第十七章　无为而治

太上，不知有之；（最好的统治者，人民并不知道他的存在）

其次，亲而誉之；（其次的，人民亲近并且赞美他）

其次，畏之；（再次的，人民畏惧他）

其次，侮之。（更次的，人民轻蔑他）

信不足焉，有不信焉。（统治者的威信不足，人民就不相信他）

悠兮，其贵言。（统治者很悠闲，不随意发号政令）

功成事遂，百姓皆谓："我自然。"（那样治理就成功了，老百姓都说："我们本来就是这样的。"）

第十八章　大道废有仁义

大道废，有仁义；（大道被废弃了，才会提倡仁义）

智慧出，有大伪；（心机智巧出现了，伪诈才会盛行）

六亲不和，有孝慈；（家庭不和睦，才需要彰显慈孝）

国家昏乱，有忠臣。（国家陷于混乱，然后才出现忠臣）

第十九章　守道无忧

绝圣弃智，民利百倍；（抛弃心机、智巧，人民可以获得百倍的利益）

绝仁弃义，民复孝慈；（抛弃仁义，人民自然能恢复忠孝仁慈之心）

绝巧弃利，盗贼无有。（抛弃巧诈和名利，盗贼也就没有了）

此三者以为文不足，故令有所属；（上面三种做法是远远不够的，还要让心有所属）

见素抱朴，少思寡欲，绝学无忧。（保持纯朴的心态，减少私欲和贪婪，抛弃浮华的礼法，就可以快乐无忧）

第五十八章　淳朴亲民

其政闷闷，其民淳淳；（政治清明宽厚，人民就淳朴和睦）

其政察察，其民缺缺。（政策黑暗苛刻，人民狡黠、抱怨）

祸兮福所倚；福兮祸所伏。（灾祸中倚藏着福祉，福祉中潜伏着灾祸）

孰知其极？其无正邪。（谁能明白到底是福是祸呢？并没有确定的标准）

正复为奇？善复为妖？（正为何会变为邪？善为何会变为恶？）

人之迷，其日固久。（人们的迷惑，由来已久了）

是以圣人方而不割，廉而不刿，（有道的人方正而不生硬，锐利而不伤人）

直而不肆，光而不耀。（直爽而不放肆，光明而不炫耀）

第六十章　治大国如烹小鲜

治大国，若烹小鲜。（治理大国就像烹饪鲜美的小鱼）

以道莅天下，其鬼不神。（以这个道理治理天下，鬼怪就不灵验了）

非其鬼不神，其神不伤人。（不是鬼怪不显灵了，就是显灵也不会伤害人）

非其神不伤人，圣人亦不伤人。（不但鬼怪不伤害人，有道的圣人也不伤害人）

夫两不相伤，故德交归焉。（双方和睦两不相伤，人们就能享受到德的恩泽）

第六十五章　不以智巧治国

古之善为道者，非以明民，将以愚之。（古代善于为道的统治者，不用巧智诡诈来治理民众，而是用敦厚朴实来教导民众）

民之难治，以其智多。（民众难以治理，是因为他们看穿了统治者的巧智诡诈）

故以智治国，国之贼；（所以采用巧智诡诈来治理国家，就会危害国家）

不以智治国，国之福。（不以巧智诡诈来治理国家，才是国家的幸福）

知此两者，亦稽式。（知道了这两种治理国家的方式，也就能比较出哪种治理模式才是楷模）

常知稽式，是谓玄德。（知道以道德治国的楷模方

式，就是最好的德）

玄德深矣，远矣，与物反矣，然后乃至大顺。（大道的德性无比深远啊！与万物一道返璞归真，这才能顺乎自然）

第七十五章 厚民生

民之饥，以其上食税之多，是以饥。（民众饥饿是统治者吞食的税赋太多）

民之难治，以其上之有为，是以难治。（民众之所以难以治理，是因为统治者想要有所作为，制定了繁多、苛刻的政令）

民之轻死，以其上求生之厚，是以轻死。（民众之所以不怕死，是因为统治者的生活太奢侈）

夫唯无以生为者，是贤于贵生。（只有不看重自己生命的人，才比过于看重自己生命的人贤明）

☯ 战争与外交

第三十章 不以兵强天下

以道佐人主者，不以兵强天下。其事好还。（用道来辅佐君主，不以武力逞强于天下，这样才会有好报应）

师之所处，荆棘生焉。（军队所到的地方，田地荒芜杂草丛生）

大军之后，必有凶年。（大战之后，一定会出现荒年）

善者果而已，不敢以取强。（善于用兵的人，只要达到目的就行了，不能去逞强好战）

果而勿矜，果而勿伐，果而勿骄。（达到目的了也不要自夸、妄为、骄傲）

果而不得已，果而勿强。（要认为战争是为了达到目的不得已而为，不是用来逞强的）

物壮则老，是谓不道，不道早已。（事物过于强大就开始衰弱，说明它不符合道，不符合道就会很快衰亡）

第六十八章　不争之德

善为士者，不武；（善于带兵者不逞其勇武）

善战者，不怒；（善于作战者不轻易动怒）

善胜敌者，不与；（善胜敌人者知道避敌锋芒）

善用人者，为之下。（善用人才者态度平和谦下）

是谓不争之德，是谓用人之力，是谓配天，古之极。（这就是不争的美德，这就是用人的智慧，这就是顺应天道，是自古以来最高的境界）

第六十九章　哀兵必胜

用兵有言：（用兵打仗有这样的说法）

吾不敢为主，而为客；（我不敢轻易主动进犯，而采取守势）

不敢进寸，而退尺。（不敢轻易向对方的阵地推进一寸，宁可退让一尺）

是谓行无行；攘无臂；（这就是行动无痕迹，出拳不露臂）

扔无敌；执无兵。（要制服对方却像没有敌人可打一样，要杀敌却不显露兵力）

祸莫大於轻敌，轻敌几丧吾宝。（灾祸的到来莫过于轻视敌人，轻敌几乎是因为丧失了我的三宝：慈、

俭、不敢为天下先)

故抗兵相若，哀者胜矣。(所以实力相当的两军对峙时，哀兵必胜)

第六十一章　大邦者下流

大邦者下流，(大国要像居于江河下游一样，使百川在这里交汇)

天下之牝，天下之交也。(天下万物的雌性能引来天下万物的雄性与之交合)

牝常以静胜牡，以静为下。(雌性常以恬静胜过雄强，以静居于下游)

故大邦以下小邦，则取小邦；(大国对小国随和谦下，就可以获取小国的信赖)

小邦以下大邦，则取大邦。(小国对大国随和谦下，就可以获取大国的信赖)

故或下以取，或下而取。(因此，可以用随和谦下赢得或者换取信赖)

大邦不过欲兼畜人，(大国不要过分到想兼并小国)

小邦不过欲入事人。(小国不要过分到想侍奉大国)

夫两者各得所欲，大者宜为下。(如果想要两者各得其所，大国更应该谦和忍让)

第三章

庄子：逍遥与齐物

庄子

☯ 逍遥游

庄子继承和发展了老子道法自然的思想，与老子并称"道家之祖"。

庄子的特色与诸子不同，大量应用寓言，通过寓言讲道理，十分生动有趣。

庄子的行文汪洋恣肆、气势壮阔、瑰丽诡谲，那种宏大的宇宙观和丰富的想象力，是中国浪漫主义的源泉。

《庄子》共三十三篇。其中，内篇七篇，外篇十五篇，杂篇十一篇。

内篇的《逍遥游》《齐物论》《养生主》和《大宗师》集中反映了庄子的哲学思想。

逍遥游的意思是悠然自得、无拘无束、自由自在地活动。

庄子用四则寓言来说明逍遥游。《鲲鹏展翅》表达逍遥游的高远境界；《许由不受天下》表达无功无名才能达到逍遥；《姑射山神人》说明至人无己；《大葫芦无用》说明无用所以逍遥。

☯ 鲲鹏展翅

遥远北方，不见太阳，天黑水暗，叫作北冥。

北冥有鱼，名鲲。从头到尾几千里长，没法丈量。

鲲变成鸟，名鹏。背脊就有几千里长，没法丈量。

鹏努力飞起来，翅膀大的好像天空中的云。

鹏平时浮游海上，每到海水徊流成大漩之年，便要凭借水势升空，迁飞到南冥去。

南冥在遥远南方，不见太阳，天黑水暗，和北冥一样也是海洋。

鹏鸟要飞到南冥去，必须用翅膀拍击水面激起三千里的波涛，借助海面上急骤的狂风盘旋冲上九万里高空，然后才能离开北方的大海。

接下来再用了六个月的时间飞行到达南冥，方才可以停歇。

寒蝉与小灰雀嘲笑鲲鹏：那家伙那么辛苦飞去南冥要干什么？鹏这么辛劳的活法也算自由自在吗？也算是逍遥吗？还不如我们在林间飞来飞去舒服，我们才不去海上起飞，只想从地面起飞，碰到树枝就落在地上休息。就算飞去南方，也没必要上升到九万里的高空而向南飞吧？

其实，风薄了浮不起大鸟，必须升到九万里的高空，风才够厚，才能承受鹏的体重。

到迷茫的郊野去，带上三餐就可以往返；到百里之外去，要用一整夜时间准备干粮；到千里之外去，三个月以前就要准备粮食。

寒蝉和灰雀这两个小东西懂得什么！小聪明赶不上大智慧，寿命短比不上寿命长。

清晨的菌类不会懂得什么是晦朔，寒蝉也不会懂得什么是春秋，这就是短寿。

楚国南边有叫冥灵的大龟，它把五百年当作春，把五百年当作秋；上古有叫大椿的古树，它把八千年当作春，把八千年当作秋，这就是长寿。

逍遥这种高远的境界，燕雀是无法理解的。

☯ 许由不受天下

尧打算把天下让给许由，道："太阳和月亮都已升起来了，可是小小的炬火还在燃烧不熄；它要跟太阳和月亮的光亮相比，不是很难吗？季雨及时降落了，可是还在不停地浇水灌地；如此费力的人工灌溉对于整个大地的润泽，不显得徒劳吗？先生如能居于国君之位天下一定会获得大治，可是我还空居其位；我自己越看越觉得能力不够，请允许我把天下交给你。"

许由回答："你治理天下，天下已经获得了大治，而我却还要去替代你，我是为了名声吗？名声是实干所派生出来的次要东西，你要我去追求这次要的东西吗？鹪鹩在森林中筑巢，不过占用一棵树枝；鼹鼠到大河边饮水，不过喝满肚子。你还是打消念头回去吧，天下对于我来说没有什么用处啊！厨师即使不下厨，祭祀的人也不会越俎代庖的！"

☯ 姑射山神人

肩吾向连叔求教："我听说在遥远的姑射山上，住着一位神人，皮肤润白像冰雪，体态柔美如处女，不食五谷，吸清风饮甘露，乘云气驾飞龙，遨游于四海之外。他的神情那么专注，使得世间万物不受病害，年年五谷丰登。但我认为这个传言完全是胡说八道，哪里有什么神人，一点也不可信！"

连叔听后说："是呀！没法同瞎子欣赏花纹和色彩，没法同聋子聆听钟鼓的乐声。难道只是身体上有聋与瞎吗？思想上也有聋和瞎啊！那位神人的德行，与万事万物混同一起，以此求得整个天下的治理，谁还会忙忙碌碌把管理天下当成回事！那样的神人，外物没有什么能伤害他，滔天的大水不能淹没他，天下大旱使金石熔化、土山焦裂，他也不会感到灼热。他所留下的尘埃以及瘪谷、糠麸之类的废物，也可造就出尧舜那样的圣贤人君来，他怎么会把忙着管理万物当作己任呢！"

🌓 大葫芦无用

梁国的惠施（惠子）是名家的代表，善于辩论。惠施是庄子的朋友，他做了大官，认为庄子说的全是大话空话，没什么用处，想在聊天中通过无用的葫芦来点拨一下庄子。

惠子说："魏王送给我大葫芦种子，我将它培植起来后，结出的果实有五石容积。用大葫芦去盛水浆，可是它不够坚固，不能承受住水的重量。把它剖开做瓢也太大了，舀水、舀酒、舀汤都用不着那么大呀。这个葫芦大是大，但没什么用，我想砸烂它。"

庄子说："先生实在是不善于使用大东西啊！宋国有一善于调制不皲手药物的人家，世世代代以漂洗丝絮为职业。有个游客听说了这件事，愿意用百金的高价收买他的药方。全家人聚集在一起商量：我们世世代代在河水里漂洗丝絮，所得不过数金，如今一下子就可卖得百金。还是把药方卖给他吧。游客得到药方，来游说吴王让军队使用此药。正巧越国发难，吴王派他统率部队，冬天跟越军在水上交战，大败越军，吴王划割土地封赏他。能使手不皲裂，药方是同样的，有的人用它来获得封赏，有的人却只能靠它在水中漂洗丝絮，只是使用的方法不同，却得到不同的结果。如今你有五石容积的大葫芦，怎么不用它来制成腰舟，而浮游于江湖之上，却担忧葫芦太大无处可用？看来惠子你是不开窍啊！"

《齐物论》认为世界万物，包括人类社会，以及人的性情，看起来是千差万别，归根结底却又是齐一的，并没有不同；人们的各种看法和观点，看起来也是千差万别的，但归根结底也应是齐一的，并没有区别。

庄子用《庄周梦蝶》和《影子之惑》来说明齐物我；用《大言不辩》来说明齐是非；用《齐万物》来说明莫要强作分别。

☯ 庄周梦蝶

庄周梦见自己变成蝴蝶，欣然自得地飞舞着，感到多么愉快和惬意啊！不知道自己原本是庄周。突然间醒来，惊惶不定之间方知原来自己是庄周。不知是庄周梦中变成蝴蝶呢，还是蝴蝶梦见自己变成庄周呢？庄周啊，蝴蝶啊，到底谁是我呢？

☯ 影子之惑

人在光下会有影子，叫本影。

本影的轮廓周围有窄窄的一带，若暗若明、半阴半阳的微影，叫魍魉。

本影随着人动，微影又跟着本影动。

微影说："我的主人本影啊，你一会走一会停，一会坐一会站。你紧紧地跟着你的主人，难道你没有半点自主性吗？”

本影说：“你以为我想自主就能自主吗？你以为我想干什么就干什么吗？你当我心甘情愿做蛇的皮，做蝉的壳，紧紧依附他吗？但是为什么会依附他，为什么不能独立，我也不知道呀！”

本影的主人是你的身躯。

身躯的主人是你的心灵。

心灵也有主人，那就是外界的召唤。

外界的每一召唤又受制于另一不可知的因素。

一个受制于一个，可以推演到无穷。这链条的终端，永不可知，本影和微影又怎么会知道呢。

☯ 大言不辩

瞿鹊子问长梧子：“诸子认为，圣人不做琐细的事情，不追逐私利，不回避灾害，不贪婪，不循规蹈矩，从而遨游于世俗之外。孔子认为这话轻率不妥当，但我却认为是非常精妙的道理。你怎么看呢？”

长梧子说：“这些话黄帝也会疑惑不解的，而孔丘怎么能够知晓呢！而且你也谋虑得太早，就好像见到鸡蛋便想立即得到报晓的公鸡，见到蛋便想立即获取烤熟的斑鸠肉。别人胡乱说，你就胡乱听。为什么不依傍日月，怀藏宇宙？跟万物合为一体，置各种混乱纷争于不顾，把卑贱与尊贵都等同起来呢？

“人们总是一心忙于去争辨是非。

“有道的人却看起来十分愚昧无所觉察，但他们糅合古往今来多少变异、沉浮，自身浑然一体不为纷杂错异所困扰。

"万物全都是这样，相互蕴积于浑朴而又精纯的状态之中。

"丽姬是艾地封疆守土之人的女儿，晋国征伐丽戎时俘获了她，她当时哭得泪水浸透了衣襟；等她到晋国进入王宫，跟晋侯同睡一床而宠为夫人，吃上美味珍馐，也就后悔当初不该那么伤心地哭泣了。

"睡梦里饮酒作乐的人，天亮醒来后很可能痛哭饮泣；睡梦中痛哭饮泣的人，天亮醒来后又可能在欢快地逐围打猎。

"正当他在做梦的时候，他并不知道自己是在做梦。

"人在最为清醒的时候方才知道他自身也是一场大梦，而愚昧的人则自以为清醒，好像什么都知晓，什么都明了。

"君尊牧卑，这种看法实在是浅薄鄙陋呀！孔丘和你都是在做梦，我说你们在做梦，其实我也在做梦。

"我讲的这番话很奇特和怪异吧？但也只是偶尔遇到有道的人，才能说出这样的道理！

"如果我和你辩论，你赢了，我输了。那么，你果真对，我果真错吗？我赢了，你输了。我果真对，你果真错吗？

"结果无非就是几种情况：我们两人都是正确的，我们两人都不正确，我们两人一人正确一人错误。

"但正确和错误又是谁来判定的呢？

"让观点跟你相同的人来判定吗？既然看法跟你相同，怎么能做出公正的评判？

"让观点跟我相同的人来判定吗？既然看法跟我相同，怎么能做出公正的评判？

"让观点不同于我和你的人来判定吗？既然看法不同于我和你，怎么能做出公正的评判？

"让观点跟我和你都相同的人来判定吗？既然看法跟我和你都相同，又怎么能做出公正的评判？"

瞿鹊问："那神仙总能判定吧？"

长梧子说："神仙呀！气温高到森林燃成炭烬，他也不热。气温降到江河冻成冰川，他也不冷。猛雷炸得山崩，暴风掀得海啸，他连眼睛也不眨一下。他乘云驾风，登日上月，巡游在人类世界之外。死生、是非、利害问题，人类才有，对他而言，这些都不是问题，他也从未想过呢！

"是非从来没有界线，言论也从来没有过标准，所谓的正确和标准也只是站在各自的角度看问题。

"有道的人虽然对事情细加研究，却不随意评说。有道的人对善于治理社会的前代君王们虽然评说却不争辩。

"要知道，分别就因为不能分别的存在，争辩是因为不能辩驳的存在。"

瞿鹊问："这是为什么呢？"

长梧子说："有道的人把事物都囊括于胸、容藏于己，而一般人则争辩不休夸耀于外。旦凡争辩，总因为有自己所看不见的一面。

"真理是不必宣扬的，最了不起的辩说是不必言说的，最具仁爱的人是不必向人表示仁爱的，最廉洁方正的人是不必表示谦让的，最勇敢的人是从不伤害他人的。

"真理完全表露于外那就不算是真理，因为言辞总有表达不到的地方，仁爱之心经常流露反而成就不了仁爱，廉洁到清白的极点反而不太真实，勇敢到随处伤人也就不能成为真正勇敢的人。

"懂得停止于自己所不知道的境域，那就是真正的明智。"

大言不辩，说正确就忽视了错误的一面，说错误就忽视了正确的一面，正确与错误是一体的，是与非是一体的，是非是统一的，这就是齐是非。

☯ 齐万物

弟子问庄子："人与天地相比，谁大谁小，谁贵谁贱？"

庄子："人成形于天地，受气于阴阳，立于天地之间，犹如小石小木之在大山一般，实在太渺小了，又凭什么自尊自大？人与万物相比，不似毫毛之在马体乎？"

弟子若有所悟："先生的意思是山外有山，天外有天吗？"

庄子："差不多。"

弟子："那就是天地为大，毫末为小，对吗？"

庄子："不对！每一个东西，度量上讲都无法穷尽，时间上都无休无止；可以无限地分割下去，来无始，去无终。

"应该这样看待：小不是少，大不是多，大和小在量上都是无穷的，大和小在时间上都是无起止的。

"得道的人明白天道有盈虚消长、得失存亡，故得而不喜，失而不忧。

"得道的人明白天道坦荡，故生而不悦，死而无憾，知终始之变化也。

"计人之所知的东西，远不如其所不知的东西多；其生之时，不如其未生之时长久。

"由此看来，怎么就说毫末就足以定为是至小至细的呢？又怎能说天地就是无穷至大的呢？""

弟子："大中有小，不要以大为大；小中有大，不要以小为小。是这个意思吗？"

庄子："大上有大，小下有小。大无穷，小亦无穷。这样才确切！"

弟子："里里外外都无穷，那还怎么分别贵贱，怎样区分小大？"

庄子："以道来看，万物无贵无贱；以物来看，自贵而相贱；以世俗观点来看，贵贱不在自己本身，都以外在的荣辱毁誉作标准。

"以外在的差别去看，因其所大而大之，则万物莫不大；因其所小而小之，则万物莫不小。

"如果懂得天地如同粒米，毫末如同山丘，则无所谓大小之别了。

"古时候尧、舜相禅让而称帝，但子之与燕王哙相禅让而亡国；商汤王、周武王相争而称帝，但白公争夺王位却自取灭亡。

"这样看来，争让之礼也是贵贱有时，不一定常贵常贱。

"大柱可以撞破城门却不能塞住洞口，因为用途不同；骐骥一日奔驰千里，捕鼠不如猫，因为技能有差别；猫头鹰夜能抓鼠，明察毫末，但白天即使双目圆睁却不见丘山，因为性能有限。

"帝王禅接有不同的方式，或同姓相传，或传给他姓；三代间继承的方式也不同，或父子相继，或兴兵讨伐。

　　"但如不合时宜，有背世俗，则称之为篡权夺位。如合其时，顺其俗，则称之为替天行道。

　　"可见贵贱有时，不由自主也。"

　　"养生主"意思是养生的要领。养生之道重在顺应自然，堵住贪欲，不为外物所滞。这里用《中正之路》《庖丁解牛》《自由之龟》《大知与小知》《无用之用》来表述。

☯ 中正之路

　　人们的生命是有限的，而知识却是无限的。

　　以有限的生命去追求无限的知识，势必体乏神伤，既然如此还在不停地追求知识，那可真是十分危险的了！

　　做事而不去贪图名声，遵从自然的中正之路。

　　事物本没有功名，把不贪功、不贪名作为顺应事物的常法，就可以护卫身体，就可以保全天性，就可以不给父母留下忧患，就可以终享天年。

☯ 庖丁解牛

　　厨师庖丁宰杀牛牲，快速进刀唰唰有声，美妙动听。

　　文惠君看了："真妙呀！你的解牛技术怎么会如此高超呢？"

　　庖丁放下刀回答："我喜欢摸索事物的规律。刚开始分解牛体的时候，我看见的都是一头头完整的牛。几年之后，就再也看不到完整的牛了。现在，我只用心神去接触而不必用眼睛去观察，依照牛体自然的生理结构，顺着肌肉骨骼间的缝隙去解剖，就连经络结聚的部位和骨肉紧密连接的地方都不会触碰到，何况那些大骨头呢！

"优秀的厨师一年更换一把刀，因为他们是在用刀割肉；普通的厨师一个月换一把刀，因为他们是在用刀砍骨头。

"如今我使用的这把刀已经十九年了，所宰杀的牛牲上千头了，我的刀在牛的骨节乃至各个组合部位之间的空隙里回旋，实在是绰绰有余，所以刀刃锋利的就像刚从磨刀石上磨过一样。"

牛体霍霍地全部分解开来，就像是一堆烂泥堆放在地上。

文惠君说："奇妙呀！我从中得到养生的道理了，就是要顺应规律！"

☯ 自由之龟

一天，庄子正在涡水垂钓。

楚王委派的二位大夫前来聘请他："吾王久闻先生贤名，欲以国事相累。深望先生欣然出山，上以为君王分忧，下以为黎民谋福。"

庄子持竿不顾，淡然说道："我听说楚国有只神龟，被杀死时已三千岁了。楚王珍藏之以竹箱，覆之以锦缎，供奉在庙堂之上。请问二大夫，此龟是宁愿死后留骨而贵，还是宁愿生时在泥水中潜行曳尾呢？"

二大夫："自然是愿活着在泥水中摇尾而行啦！"

庄子："二位大夫请回去吧！我也愿在泥水中曳尾而行呢！"

☯ 大知与小知

人有大智慧与小聪明。

大知者守道、闲散、平淡、没有成见，予人方便。

小知者善辩、急躁、功利、是非分明，整天盘算。

小知者说话就好像利箭离弓，快速又尖刻，把自己的是非观念作为誓言忠诚不渝，为了实现自己的目标，日日盘算、夜夜不眠、整日辩论、疲惫不堪。一觉醒来，振作精神，又去联合这个，攻击那个，挖空心思去奋斗。

小知者费尽心机去审时度势、迎合奉承、挖掘需要，不断调整拼搏方式：有时正面迎击对手；有时委曲求全，做缩头作龟；有时潜入暗地，设计阴谋。即便是不择手段地得到了自己想要的，又害怕不已，怕风吹草动、怕风声鹤唳。

可怜的小知者，就这样日夜的自我戕害，输掉青春、浪费生命，身体瘦成寒秋的黄叶，头顶枯萎成严冬的秃枝。

他们在人生战场上拼命斗狠，竭尽所能填满自己的欲壑，而且愈老愈贪，肚子快要撑破，也不舍得拉出一点点来。

小知者欣喜、愤怒、悲哀、欢乐，他们忧思、叹惋、反复、恐惧，他们造姿作态、善于假装，喜欢躁动轻浮、奢华放纵、肆虐情欲、矫揉造作。

小知者的心灵已经没有了阳气，谁又能救得了他们呢？

无用之用

　　木匠和他的徒弟去齐国路过曲辕这个地方，看见一棵大树的树冠大到可以遮蔽数千头牛，树干足有十丈粗，树梢高临山巅，观赏的人云集，都认为这是神树。

　　这位匠人却看不上这棵树，独自走了。他的徒弟站在树旁看了个够，追上去问木匠："自打我们跟你学徒以来，从没见过这么壮美的树。可是你却看都不看，为什么呢？"

　　木匠回答："不要再说这棵树了！这根本就是一棵毫无用处的树，用来做船定会沉没，用来做棺材会很快朽烂，用来做器皿会很快损坏，用来做房门定会流脂而不合缝，用来做屋柱定会被虫蛀。这就是棵不成材的树！"

　　木匠晚上梦见神树对他说："你拿什么东西跟我比呢？你以为拿可用之木就能比过我吗？那楂、梨、橘、柚都属于果树，果实成熟就被打落在地，枝干也受到损害。正是因为它们能结出鲜美果实才导致常常不能终享天年，招致人们的采摘和打击，天下万物莫不如此。

　　"我寻求毫无用处的办法已经很久了，就是因为无用才成了我最大的用处。我如果那么有用的话，还能达到延年益寿这一最大的用处吗？

　　"你和我也是一样的，你这个没有用处的人，怎么能懂我这棵没有用处的树木呢？"

☯ 大宗师

"宗"指尊崇、敬仰，"大宗师"意思是最值得敬仰、尊崇的老师。谁够得上被称作这样的老师呢？那就是"道"。人应该学习效仿道，顺应自然。

道在哪里呢？看得见，摸得着吗？

庄子在《大宗师》中讲到：夫道，有情有信，无为无形；可传而不可受，可得而不可见；自本自根，未有天地，自古以固存；神鬼神帝，生天生地；在太极之先而不为高，在六极之下而不为深，先天地生而不为久，长于上古而不为老。

翻译成白话文："道"是真实而又确凿可信的，然而它又是无为和无形的；"道"可以感知却不可以口授，可以领悟却不可以面见；"道"自身就是本、就是根，还未出现天地的远古时代"道"就已经存在；它引出鬼帝，产生天地；它在太极之上却并不算高，它在六极之下却不算深，它先于天地存在却还不算久，它长于上古却还不算老。

战国时期，东郭子请教庄子说："你所谓的道，在哪里呢？"庄子说："无所不在。"东郭子说："一定要说个地方才可以。"庄子说："在蝼蚁中。"东郭子说："为什么如此卑微呢？"庄子说："在杂草中。"东郭子说："为什么更加卑微呢？"庄子说："在瓦块中。"东郭子说："为什么越说越过分呢？"庄子说："在屎尿中。"

道就在日出日落、花开花谢、生老病死、甚至卑微的屎尿中，这都是宇宙的运行规律呀！

道是无形的，所看到的一切现象，就是道的体现！

道是永恒的，是一直不变的。而万物的存在是暂时的，一直处在变化之中的，它们在出现之前与结束之后，其实并不存在。因此，从永恒的眼光看来，无一物是真正存在的，原来真正存在的不过只是一个道而已。

最后不得不说一下《庄子》中的《天下》篇，并以此作为对先秦诸子百家的一个总结，下一章开始讲儒家。

《杂篇·天下》评说天下诸子百家的思想，虽不是庄子本人所写，是庄子弟子所作，但极其精要地评述了先秦各家的学说。

☯ 对墨家的评价

墨家用各种严厉的规矩约束自己，让社会不奢侈，使万物不浪费，削弱等级差别冲突。

道确实包含这样的内容。

墨家的墨翟、禽滑厘就有这种风格并特别热衷于这样做。

但是他们所主张和推行的过于激烈，他们所反对和节止的过度苛严。

墨家倡导"非乐"，要求人们"节用"，生前不唱歌，死时不厚葬。

墨家主张"兼爱""兼利"和"非斗"，他们主张非暴力，同时又好学博览，不随意标新立异。

墨家反对古代的礼乐制度。古代的乐章，黄帝时期有《咸池》，唐尧时期有《大章》，虞舜时期有《大韶》，夏禹时期有《大夏》，商汤时期有《大濩》，此外周文王时期有《辟雍》之乐，武王和周公还作过武乐。

古代的丧礼，贵贱有严格的规矩，上下有不同的等别。天子的内棺和外椁共有七层，诸侯是五层，大夫是三层，士是两层。而墨家却主张生前不唱歌，死时不厚葬，桐木棺材厚三寸而且不用外棺，并把这些作为法度和定规。

这样教导别人，恐怕不是真正地爱护人；这样约束自己，也不是对自己真正的爱惜。

并非有意要诋毁墨家学说。情感表达需要歌唱却一味反对唱歌，情感表达需要哭泣却一味反对哭泣，情感表达需要欢乐却一味反对欢乐，这样做符合人性、符合人情吗？

墨家要人们活的时候勤劳，死的时候淡薄，未免太苛刻了。

这样教育人常忧虑、常悲悯，实践中难以办到，所以不能够算是圣人之道。因为违背了天下人的心愿，天下人难以忍受。

墨子就算自己能够独自实行也没有用，因为背离了天下人的心愿，离百姓的期待已经太远了。

墨子称赞大禹：从前大禹治水，亲自抬筐挥铲，劳苦奔波累得腿肚子消瘦，小腿上无毛，淋着暴雨，冒着狂风，安顿下万家城邑。禹是圣人，仍亲自为天下事务如此操劳。

因此，墨子要让他的墨家，多用羊皮、粗布做衣服，用木鞋、草鞋作服饰，日夜不停地操劳，把自身清苦当作行为准则。并且还说：不这样做，就不符合夏禹的主张，就不配称作墨家。

这些规定即使是墨家弟子也觉得辛苦吃不消，他们虽然都口诵《墨经》，却违背了墨家的宗旨，并且相互指责对方不是正统的墨家。

后世墨家学人相里勤和他的弟子五侯之流，南方的墨家苦获和已齿，还有邓陵子一类的人，都口诵《墨经》，却违背了墨家的宗旨，相互指责对方不是正统的墨家，墨家各派一直争论不休。

墨翟和禽滑厘他们的意愿是好的，但他们的做法却行不通。

后世的人想到的墨家形象，必定是励行劳苦，争先恐后地弄得腿肚子消瘦、小腿上无毛罢了。

墨家学说算得上是乱世的良方，如果用来治世却是下策。

即使这样，墨子还是真正热爱天下的人民，他形容枯槁面颜憔悴也不放弃自己的主张，为的是努力实现自己的理想，真是有才之士啊！

☯ 对法家的评价

法家公正而不结党，平易而不偏私；断案依理不存主见，随物跟进一视同仁；不瞻前顾后，不谋求智巧。

道也包含了这方面的内容。

法家彭蒙、田骈、慎到就有道在这方面的遗风并且热衷依法治理。

法家把平等地对待外在事物放在首要地位，认为苍天能够覆盖万物却不能托载万物，大地能够托载万物却不能覆盖万物，大道能够包容万物却不能区别万物。

他们懂得万物都有它们可以认识的一面，也有它们认识不到的一面。

所以法家用认为用一视同仁的规范与齐同划一的尺度办事才能没有错漏。

慎到弃置智巧，不探索规律去疏导，而是用法律去强制。

明明不知道，还不去学习求道，不考虑人性与外物的变化，用自己定下的法规来衡量一切。

老百姓明明不喜欢，但为了保全自己不受责难，就推一推挪一下，拽一拽动一下，像旋风一样回旋，像飞羽一样飘忽，像磨石一样转圈，和法令兜圈子。

最后老百姓成为没有感知的东西，连普通人也做不成，更谈不上成什么贤人、圣人。法家把人当一块石头，你摆在哪里我就待在哪里，石头才会永远符合规范，才不会触犯法令。

人们嘲笑法家的学说：不是活人所能实行的，是给死人制定的。

法家并不是真正懂得道，他们恐怕只是听说过道而已。

☯ 对名家的评价

名家惠施很有学问，他的著述多达五车，却十分杂乱，言谈也不妥当。

他观察分析事物说：大到极点的东西已无外围可言，叫作"大一"；小到极点的东西已无法容纳，叫作"小一"。

没有厚度的平面，不可能累积而成体积，但却可以无限扩展以至很远很远。

从整个宇宙的角度看，天与地都是低的，山峰与湖泽都是平的。

太阳刚刚正中就开始偏斜，各种物类刚刚产生就同时意味着走向死亡。

南方可以是无穷尽的，但南方也可能是有尽头的；今天到越国去，又可以说成是昨天来到了越国。

连环本不可解但又可说是无时无刻不在销解。

我知道天下的中心部位，可以说是在燕国的北边也可说是在越国的南方。

广泛地爱护各种物类，因为天地间本来就是没有区别的整体。

惠施认为他的这些看法是最为博大的了，于是游观天下并告诉各处善辩的人。

天下一切喜好争辩的人无不相互津津乐道：

卵里面可以说是存在着毛的；

鸡的脚可以数出三只；

郢都内就存在着天下；

狗也可命名为羊，马能够说是卵生的；

虾蟆可以说是长有尾巴；

火本身并没有热感；

山中的回音证明大山也生出了口；

车轮永远不会着地；

眼睛也可说缺乏看视的能力；

指认外物永远达不到事物的实际，即使达到实际也会无穷无尽；

乌龟可能比蛇还长；

角尺不能画出方形，圆规也不能用来画圆；

榫眼与榫头不会完全地吻合；

飞鸟的身影从来不曾移动；

飞逝而去的箭头有停留、也有不曾停歇的时刻；

小狗可以不是狗；

黄马、黑牛是三个事物；

白狗也可以叫它黑狗；

称作孤驹就是它不曾有过母亲；

一尺长的棍棒，每天截取一半，一万年也分截不完。

喜好争辩的人们用上述命题跟惠施相互辩论，永远没完没了。

桓团、公孙龙等也是名家的善辩之流，他们蒙蔽人们的思想，改变人们的心意，能够堵住别人的嘴，却不能折服人心，这就是名家辩者的局限。

惠施每天用其心智跟人辩论，独自跟天下的辩者争论前面提到的那些稀奇古怪的东西，制造出这么多奇谈怪论。

惠施总是说个没完，自以为最有才气，说："天地真是奇妙伟大啊！"

然而名家辩者心存的是一颗压倒他人的雄心，其实根本不懂道。

他们话多而无休止，为了吸引人，还添加很多奇怪的东西进去。

名家辩者处处违反现实常理，只一心求取超人的名声，与普通人相比，显得不合时宜。

名家辩者内心修养十分薄弱，追逐外物的欲念却又十分强烈，他们所走的道路真是弯曲狭窄的呀！

用阴阳交合化育万物的道来看惠施，他就像一只嗡嗡响的蚊子。

惠施的言论对于万物有什么用处呢？

他的言论只不过在充分了解事理的某一方面是十分

突出的，但是如果能够尊崇于道就接近完美了！

惠施没有在道上下功夫，离散心神于外物又从不倦怠，最终只不过得到善辩的美称。

可惜啊！惠施的才气，放荡不羁而无所获，驰逐于外物而不知返归本真！

这就像用声音来遏止回声，又像是为了使身形摆脱影子而拼命地奔跑，实在是可悲啊！

对儒家的评价

《天下》对六部儒家经典的评价很高，认为是圣贤的典规。

古代圣哲效法天地的自然规律，哺育万物，使天下均衡和谐，把恩泽施及百姓，让民众通晓根本的典规，人们把这些典规记录在《诗经》《尚书》《礼记》《乐经》《周易》《春秋》中。

邹地的学者和鲁国的儒生都能明白其中的道理：《诗经》是诗歌，用来表达思想感情；《尚书》是政文，用来记述政事；《礼记》是礼仪，用来表述行为的规范，《乐经》是音乐，用来记载音律；《周易》是哲学，用来阐明阴阳变化的规律；《春秋》是历史，讲述各国的重大事件。

那《天下》对孔子的评价呢？

在《庄子·天运》篇中，大部分都是在讲孔子，但对孔子的评价不高，认为孔子只是捡到了一只草狗。

孔子在鲁国不得志，西去卫国求职。

颜回替老师担忧，特去咨询师金。师金是鲁国的乐官，供职国家乐团，很会算命。

颜回问师金："我老师孔子去卫国求职，预测一下前途怎么样？"

师金："很可惜，你老师命苦啊！"

颜回："为什么？"

师金："茅草扎制的狗，就是刍狗，你见过吧。刍狗披上绣巾，放入竹筐。祭祀人员戒荤腥、戒女色，洗澡熏衣，抬着刍狗去祭神，十分隆重！

"仪式结束，刍狗一文不值，扔到路边被路人践踏，厨娘拾去当柴烧了。

"如果有傻瓜把刍狗抱回去，再学着人家祭祀，披上绣巾，放入竹筐，高高供起，吃斋戒色，吃饭睡觉都在下面，哈哈，那真是笑死个人啦！

"这样子搞轻则噩梦惊魂，重则鬼迷心窍！

"我看，你的老师孔子也就是抱回古代的刍狗，把周礼用过了的仁义，高高供起，然后在下面办学，带着一帮子学生，连上课下课吃饭睡觉都围着刍狗转，虔诚至极！

"有一回孔子去宋国传授周礼，宋国不提供课堂，他就在大树下排演周礼。

"周礼一演完，官员就叫人把大树给砍了。

"后来孔子又去卫国周游，又被卫国驱逐出境。就连他停过车的地方，地皮都被铲掉了。

"再后来，他奔走列国，求职不得，走投无路，讨乞回家。

"这些不是噩梦惊魂吗？

"还有一次他想去楚国当官，带领学生途经陈蔡两国交界地，当地人误以为强盗来了，群起而围之，断炊七天七夜，险些饿死。

"这不是鬼迷心窍吗？"

师金又说："水上行船，陆上行车，这是基本的常识。看见船既然能行水，便认为一定也能行陆，硬要推上岸去行驶，就算累死又能跑多远呢？

"古代好比水，现代好比陆，难道不是吗？

"西周好比船，鲁国好比车，难道不是吗？

"想把古代西周的那一套周礼，什么仁呀、礼呀的生搬硬套到现在的鲁国来推行，就像是推船在陆地上行走，人累垮了，船还是走不远。

"灵活应用、随机应变，不脱离实际才能成功，我看他根本不懂这个道理！

"现在跟古代不同啦！古代各个时期也不相同。从上古的伏羲、黄帝，到后来的尧、舜、禹，他们推行的政策都不相同，只要能适应现实治理好国家就行。

"他们的礼法就像山楂、梨子、橘子、柚子，味道各不相同，但都美味。

"礼法都是随时代而变，随现实而调整，没有永远正确、从不过时的。

"你的老师孔子把周公穿的礼服，套在猴子身上，一定被猴子又咬又撕，弄得凌乱不堪。

"你的老师孔子好像东施一样，模仿美女西施，频频皱眉、目送秋波，我真替他捏把汗。"

第四章

周礼：儒家的发源

周文王

儒家自孔子开创以来一直延续不断，它的思想已经深入中国人的骨髓。它为什么会有如此强大生命力和迷人的魅力呢？

什么是儒家

儒家是我们早已十分熟悉的学派。

那到底什么是儒家？

嗯，好像是孔子、孟子、仁义礼智、三纲五常、封建礼教……忽然感觉好复杂，一下又说不明白。还是先说说儒是什么？为什么会叫儒家？

儒在周朝之前就是举行仪式和祭祀的司仪，类似于现在活动的主持人。

因为孔子崇尚周礼，孔子创立的学说就叫作儒学，儒就代表孔门弟子！

汉朝以后儒家成为知识分子的统称，文化人、读书人都是儒！

说孔门弟子都是儒家还好理解，但说汉朝以后所有知识分子都是儒家，根本就不正确！那请问王莽、诸葛亮、王安石、梁启超、孙中山是儒家吗？

汉朝以后独尊儒术，所有文化人想要追求功名、出人头地。熟读儒家经典、参加科举考试是必经之路，所以说基本上知识分子都是儒家。

法家精华自战国末期就被荀子吸纳进入儒家，名义上的法家自汉朝就没有了，但法家的精华思想融进了儒学。

前面列举的那些改革家也是吸收了部分法家思想，他们是锐意进取的儒家！

那古代知识分子难道只能当儒家，没有别的出路吗？他们不是还可以当科学家、可以创业、可以发明、可以习武、可以学医、还可以农耕吗？

古代一直流行万般皆下品，唯有读书高。学而优则仕，学成卖于帝王家可以说是知识分子成功的唯一途径。选择成为儒家，既是无奈，也是喜爱。

取消或者改动科举考试，最大的阻力就是文人，因为剥夺了知识分子求取功名的途径。

当然，大多数文人是考不中的，他们有的当私塾先生；有的从商，把儒家那一套思想带进商业，美其名曰儒商；有的当讼师；有的看风水……不过都已经离他们"学好文化去当官"的初心相差甚远。

至于当武将，那需要出生入死久战沙场，大部分书生还是不适合；而当普通士兵脑袋别在裤腰带上，一般老百姓都不愿意去。

在当时儒家是一条最适合文人走的路，或者说这是文人最容易出人头地的途径。

秦始皇看不起儒家，不重用儒家，知识分子就怨声载道，秦王一怒焚书坑儒，更激起了知识分子的强烈不满。

刘邦同样看不起儒家，但他知道儒家的影响力很大，吸收了秦朝的教训，利用儒家，但不被儒家所束缚。

历代伟大君王都不是很看得起儒家，但都善于利用儒家。秦始皇、汉武帝、唐太宗、成吉思汗、朱元璋、康熙都看不起儒家，宋太祖赵匡胤例外。因此，儒家最好的时代应该也是在宋朝。

既然看不起儒家，为何还要任用？

帝王利用知识分子不仅可以治理国家，同时也可以安抚和稳定知识分子；知识分子呢，可以通过科举求取功名、建功立业。所以儒家就成了帝王和文人的共同的喜爱。

知识分子有那么厉害吗？手无缚鸡之力的书生有什么好怕的？

历朝历代的年轻人都是想建功立业的，或者是想出人头地，这是人的本性。把年轻人上升的通道堵塞了，社会就很危险了。

以年轻人为核心的整个社会渴求公平的竞争环境和上升发展的途径。如果农民的儿子世代束缚在土地上当农民，贵族的子女世袭爵位，这样就没有竞争、没有活力，导致人才埋没，社会怨声载道。

科举选拔不只是对知识分子的安抚，也是对整个社会的安抚。

为什么说安抚？不说是培养人才呢？

古代的科举考试，虽然有一定培养人才的职能，读读四书五经也能学到不少知识，但科举考试更多还是一种安抚人才的工具。学什么、考什么并不是很重要，重要的是有这样一种途径，让下层百姓能够有上升的盼头。

朝廷说考文采，读书人就拼命练习吟诗作赋，谁的文采好谁来做官；朝廷说考四书五经，读书人就来比比看，谁背得更好、记得更准；朝廷说考策论，那读书人就来学习八股文的写作，这样子几十年的寒窗也感觉值得。

古代的科举考试跟现代的"文凭是敲门砖"有点类似。现代经济学把文凭看作信号显示，就是说你读本科、研究生、博士，用人企业把这些学历当作能力的一个信号，学历高的就表示有恒心、有毅力，这方面能力更强，至于学到了什么，只有自己知道。

科举考试也一样，文人对考什么不看重，看重的是你有东西给我考，我有东西学习就行。因为年轻人需要把他满腔的热血投入到某个东西上来。

那为什么每次科举考试内容改革文人就会闹？

因为不适应呀，以前一直考吟诗作赋，他们用十年寒窗来学这个东西，官府突然说吟诗作赋考不出能力，从现在起要考八股策论，文人能满意吗？等这批人闹完，后面的人适应了，就又开始维护这场八股考试。

可是还是感觉不应把知识分子和儒家等同起来，知识分子除了当儒家，在古代还可以当墨家、法家呀，为什么非得成为儒家？

墨家精神上要求兼爱，爱别人的儿子像爱自己的儿子一样，必要的时候甚至要牺牲自己，技术上还要有高超的工程水平，不为名利，哪里有困难往哪里冲。这样的境界几人能做到？你愿意让自己的子女去成为墨家吗？

至于法家，就是更难当了，不仅要有改革家的大才，还要有改革家的气度和魄力，看看商鞅就知道法家的路不是一般人能走的。再说，汉朝大一统以后，墨家、法家就消失了，想当也没法当！

如此看来，儒家是最好走的路，似乎是只需反复诵读、背诵儒家经典就可以升官发财！

可是，墨家和法家消失后，不是还有道家和佛家吗？

道家和佛家本质上是出世的，积极进取的读书人很少会选择出世哲学；儒家是积极入世的，所以儒家在大一统时代一直是官方哲学。

那么儒家的哲学思想是什么？

儒家思想发展了两千多年，不是一句话能概括的，儒家思想在不同时代赋予了不同的内涵。

☯ 宗法分封制

周朝推翻殷商后，国土面积比夏商更大，在古代信息不发达、交通不便利的社会环境下该如何管理庞大的国家呢？现在思考一下，突然给你一个分公司遍布全国的大企业，没有网络和电话、没有汽车火车，你会怎么管理呢？

嗯，我想想……我自己来管理总部，然后派我的大儿子管理第一大的分公司，派二儿子管理第二大的分公司、女儿管理第三大的分公司……全国分公司还有很多，没那么多孩子分配，怎么办呢？有办法啦，我还有兄弟姐妹、小舅子、妹夫、七大姑、八大姨可以帮忙。将公司交给自家人管理，总比交给外人放心，毕竟有血缘及亲情关系在里面。

是的，这就是由夏商形成、周朝逐渐完善的分封制。我们常说的"封建"就是分封建国的意思。周天子把土地及居民分赐给同姓子弟和异姓功臣，受到册封的这些诸侯可以在自己的封地内建立诸侯国。诸侯再将自己的封地以及居民分封给自己的亲族，这些亲族就叫做卿大夫。诸侯必须服从周天子的命令，并定期进行朝贡，还要随时准备率领自己的武士和军队保卫周天子，接受周天子的调遣。

这么看来，如果被册封为诸侯的话，可以有自己的小王国，还有这么大的自主权。但是诸侯要是不听天子的话，或者犯错了会怎么管理呢？

这的确是个大问题。现在可以思考一下，你的家族企业派出你的大儿子管理上海分公司，二儿子不满意："上海这个肥缺凭什么要大哥去，我比他更有能力管理！"更严重的如果其他几个儿子都不服怎么办？即使其他儿子都服气，如果大儿子经营分公司不听指挥、中饱私囊，怎么办？

国家不是有法律嘛！可以用法律来管理呀！

其实，周朝分封制也面临像家族企业一样的问题。如果与自己的儿子有分歧，恐怕很少有人会诉诸法律、用刑法来解决吧！都是自己的亲戚，用法律手段解决不太合适，大夫以上都是和周天子同宗同族的一大家人，自家人怎能用法律解决呢？"刑不上大夫"就是出于这个原因提出的。

不用法律？那还怎么管理？

国有国法，家有家法，这些诸侯大多是同姓家人，自然要用家法管理。古代凭血缘关系对族人进行管辖和处置的制度就是宗法制度。西周一开始的宗法就规定"立嫡以长不以贤，立子以贵不以长"。妻所生的儿子就是嫡子，妾所生的儿子称为庶子，嫡子中的年纪最大者就是嫡长子，拥有最优先的继承权，不管他是否贤能，这就是"立嫡以长不以贤"；在没有嫡子的情况下，妾中最尊贵者所生的庶子则拥有优先继承权，不管其究竟是否为长子，这就是"立子以贵不以长"。所以，皇子们不用争吵，按照宗法制度来，大家都没有怨言。

周朝为什么不能像现代一样，平均分配给每个孩子呢？而非要把封地全给嫡长子呢？

想想看，如果平均分给几个孩子，几代下去每个王族的封地就会就会越来越小，王族的力量会越来越薄弱。宗法制度实际上保护了贵族的延续。汉武帝虽然对独裁专制充满喜爱，但在他统治初期，任用了大批的儒士。

不是说汉武帝也鄙视文人吗？那他为什么还会如此慷慨地偏爱儒生呢？

汉武帝想要独揽大权，就要削弱强大的地主贵族。文人学士的特点就是会固执地捍卫儒家那套乌托邦理论，不知不觉中就会帮助汉武帝对付贵族。儒家人士说，立嫡长子的制度一点也不公平，把封地给长子，对那些非长子特别是幼子根本不公平，荣誉和财产都给了长子，其他孩子怎么生活？所以儒家呼吁一视同仁，把封地公平传给所有孩子。汉武帝说，儒家说得有理！于是他假借维护幼子的利益，颁布法令取消了对长子特殊的照顾，强迫亲王们把封地不分长幼地、公平地分配下去。这样一来，汉朝只用了两三代的时间，就彻底瓦解了强大的地主贵族。

周代的国家秩序

这些与周礼有什么关系呢？

周朝建立的时候，周公制定了周礼。周礼就是要通过"礼"来维护宗法制和分封制，要通过"礼"让上至周天子，中至诸侯卿大夫，下至士和庶民，各有其等级尊卑秩序，各安天命，各从其事。

什么是礼呢？

你和一个女孩决定结婚，难道直接领回来生活在一起吗？最起码要举办一场婚礼，这就是礼。当然，你很个性也可以不举办婚礼，或者不按套路举办，这都没有关系，因为礼和法不一样，法是强制性的，不执行就会受惩罚，礼是建立在自觉遵守的基础上，不执行也没有规定的惩罚，但是你会受到周围人的异样目光：你看，那两个人也不怕人笑话，婚礼没办就同居在一起！

买票不排队也不会有法律处罚、公交车上年轻人不给老人让座也不会有法律处罚，但是人们会认为那是不合适的、无礼的、不道德的，虽然没有法律的制裁，但是被别人指点的时候就会伤到我们的自尊、我们的面子。

在路边乱停车，扣分罚款还能接受，但是要把乱停车的事情曝光，大家就觉得很难以接受。让人没有面子是比惩罚还可怕的事情！

通过礼，让人自主、自觉、自发地去维护良好的社会生活秩序。试想一下，当我们走进一个国家、每个人彬彬有礼、遵守规范、相互礼让、诚信待人，难道不会感觉这个国家的人民素质很高吗？中国是礼仪之邦，受礼的影响，中国人爱面子是出了名的，所以礼、面子和道德经常一起出现。

不过，如果一个人不在乎面子，礼对他又有何用？

的确是这样，礼可以制约君子，对小人就没办法。但是如果不在乎面子、不在乎道德，想要在中国社会立足是十分困难的。在社会上，无论这个人能力多强，一旦被贴上道德败坏的标签就举步维艰。

现在急切地想知道周代礼制有什么内容？

周代礼制的主要内容包括周礼和仪礼。周礼是政务的运作规范，包括政府的构成、官员的名称和职责、政府各个部门的运作规范；仪礼则是民间活动的规范，像祭祀、婚丧嫁娶等，都有固定的流程和礼仪。

☯ 儒家的源头

这就是周礼呀！像古代祭祀的那些巫婆神汉搞一些繁文缛节出来骗吃骗喝能有什么用？

如果觉得古代太过遥远不好理解，那有空可以到沿海地区看看开渔节，在"休渔期"结束后就"开渔"，开渔节就是渔民出海捕鱼时的"祭海"仪式。开渔节上，最震撼的不是汽笛长鸣、百舸齐发、烟花怒放、人海涌动的喧嚣场景，而是渔民对大海的感谢与敬畏，对祖先勇敢开拓精神的怀念。

祭海仪式，先是过去的场景——强壮男子冒着巨浪出海打鱼，妻子在家里抚养孩子，老人默默为出海打渔的人祈祷平安……忽然间一群孩子欢快地奔跑出来，老人们向大海呈贡祭祀的食物，女人们疯狂地击鼓，汉子们大声地呼喊着号子……看到这样的画面，让人感动落泪！

靠山吃山、靠海吃海，这种礼仪是对滋养自己的大地、草原、海洋的崇敬与热爱，让人们更懂得感恩、珍惜和保护自然资源！让当地人不由地想起伟大的祖先，激励他们沿着先辈的足迹勇敢、正直地奋进……让他们更有凝聚力，为生为当地人而自豪！

当我们翻起家谱，看着历代先祖和世事变迁，有上进的、有颓废的、有贫穷的、有富贵的，有得意的、有败落的，哪些做法是对的？哪些先人是值得骄傲的？什么样的生活是值得过的？会激发我们很多思考。这时才会发现你不只是代表自己，你是代表整个家族，要写入族谱，要成为家族的荣耀，要用自己的行为为后代做表率……

礼是人类文明的象征，是摆脱原始的一大进步，同时礼也是国家文化、企业文化、家庭文化的代表！

这么看来礼制真是伟大呀！可让人不明白的是，崇尚礼制的周朝为什么还会灭亡？

周朝灭亡不是礼的错，周朝的灭亡也不代表礼的灭亡。经常有人批判孔子、孟子、老子、朱熹……似乎是这些人导致了过去社会的糟糕、导致了古代独裁的统治。

他们提出哲学主张和独特思想本身就是一项伟大的创举，你可以认同，也可以不认同，可以批判地吸收，但不能把糟糕的结果归罪于他们。

思想就如同工具和衣服一样，好人、坏人都可以穿同样的衣服，好人、坏人都可以用先进的武器，错不在思想，而在执行和使用的人！

任何哲学思想之所以能受到欢迎，就是因为适应了社会的需要，引领了时代的发展。周朝存续790年，是中国历史上统治时间最长的朝代，说明周礼在很长时间内是适合社会需要的。

观察一下我们的现实中，大部分企业都是从家族企业开始的，很少有企业刚成立就是全部聘用社会上有才能的人来管理，因为自己人管理可以用最低的成本实现企业的快速成长。

另一个有趣的现象，世界上存续超过200年以上的企业大部分都是家族企业。周礼也是一样，它适应了宗法分封制度，以最低的成本，最高的效率完成了周朝的管理，促进了周朝经济的迅速发展和长时间延续。

周礼的制定吸取了殷商奢靡灭亡的教训，规定王死后下葬，陪葬九个鼎，诸侯陪葬七个鼎，卿大夫五个鼎，士三个鼎，普通百姓一个鼎，一定程度上限制了奢华铺张；规定周王必须尊重自己的臣民，在春天周王必须亲自下地宣示春耕开始，打仗必须亲自上阵，等等。

这不就是把人分三六九等的等级制度吗？凭什么刑不上大夫？

要知道周朝时代的贵族把荣誉看得很重要，大夫都是很有尊严的，他会根据自己的过错采取自觉的自我惩罚。以至于春秋时期还能经常看到这样的事情：当一个法官错杀了人，他会自杀偿命；当一个主帅的军队打了败仗，他会以死谢罪。

一定程度上，周礼下的等级制度强调的不是等级下的特权，更多的是等级下的秩序。在那样的环境下，周礼发挥了"经国家，定社稷，序民人，利后嗣"的作用。

时也命也，当形势发生了变化，过去适合的哲学思想反而可能会成为时代发展的绊脚石。

家族企业开始总是有效的，用自己人、用家法管理成本最低，扩张最快。一代能创业成功，往往都是英明的君主，但是到了二代、三代……富贵世袭，失去了创一代的才华和勤奋，权贵塞满了社会重要位置，机构越来越臃肿、贪欲越来越大、效率越来越低下，进一步加重了对诸侯国的压榨。

几代之后，天子与诸侯之间的血缘联系也越来越少，宗族意识越来越淡薄。天子无能并且压榨诸侯，各诸侯就对周王室不忠，一些雄心勃勃的诸侯形成了强大的地方武装割据，企图取而代之，周礼的时代即随之过去了。

周公以其自身的品格和能力成为儒家理想人格典范，周礼也成为儒家学说的思想源头。

第五章

孔子：仁礼合一

孔子

☯ 先秦儒家

先秦就是指秦朝建立之前的历史时代，先秦时代的儒家代表人物主要有孔子、孟子和荀子。

周天子势衰，诸侯混战，强大的诸侯国兼并弱小的诸侯国，诸侯国之间展开了你死我活的角逐。

王失其鹿，天下逐之！一些实力雄厚的诸侯已经开始称王，完全无视周天子的存在。

以往谦恭有礼的贵族风范、侠义的骑士精神正在失去，诸侯国之间不再是以往荣誉对荣誉、战旗对战旗，诚实用兵、公平对决的战争，而是毫不留情的殊死搏斗。

为了争夺王位，全然失去了宽容与同情，不时出现屠城、虐杀平民和战俘，甚至出现了吃人的原始情况，礼崩乐坏、社会一片混乱。

孔子出生在鲁国的没落贵族。如果你出生在这样的家庭会有什么样的哲学思想？试想一下，当时诸侯混战，自己又没落，就很怀念往昔的光辉岁月，一定会感叹："还是周朝好啊！诸侯都是高贵的谦谦君子，不像现在一样丧心病狂地抢夺王位。周朝时的人民安居乐业，不像现在一样流离失所。"

孔子无比怀念周王朝的辉煌，在他看来现在的惨状都是因为失去了礼制，所以他期待通过复兴周礼来再现周朝的国泰民安。

☯ 无心插柳当老师

孔子的理想到底是什么？是当官还是当老师呢？

说的"高大上"一点，孔子有极高的政治热情、极强的进取精神，有远大的抱负，想要恢复周王朝的太平盛世。

说的功利一点，孔子官瘾很大，很想当官，很想重现自己崇拜的周朝礼制，很想获得重用。

当老师只不过是孔子的"副产品"，是无心插柳的结果。当他失意的时候就去整理整理周礼，模仿周文王研究一下周易八卦，没事的时候编撰编撰古籍，不经意间竟然整理成一套教材，一些同样仰慕周礼的人便前来拜师学习。

可怜的是，他虽然有当官的积极性，却屡遭打击、排斥、嘲讽。他虽然到处碰壁，但仍执着追求，带领弟子周游列国，奔走游说。

为什么孔子的观点得不到重视，为什么他本人得不到重用？是他的理论迂腐不堪、是不切实际乌托邦的美好幻想，还是诸侯有眼不识泰山？

孔子为什么不管艰难险阻依然热情不减，是执着还是傻？

孔子的哲学究竟是什么？是《论语》《诗经》《尚书》《周易》《礼记》《乐经》《春秋》吗？

《论语》是孔子的后世弟子编撰记录孔子言行的，《诗经》《尚书》《周易》《礼记》《乐经》《春秋》是孔子整理和编纂的古代文化典籍。

我们一起来看看孔子的具体作为与实际成效吧！

史记上说，孔子小时候玩游戏就喜欢摆各种祭器，学做祭祀的礼仪动作，看来他和礼天生就有缘分。

孔子十七岁那年，机遇来了。鲁国大夫釐子病危，临终前告诫儿子懿子说："孔丘是圣人的后代，他的祖先贤明恭敬。如今孔子年少而好礼，他不就是才德显达的人吗？如果我死了，你一定要以他为师。"

孔子家族传统很好，根红苗正，是重用的好材料。他得到了一个很好的机会被鲁昭公派到周天子那里进修周礼，据说还见到了老子。

从周王室那里学成归来后，孔子"人气"大增。

人怕出名猪怕壮。周围的人都议论：看看人家孔子，因为从小摆弄周礼，就被鲁昭公派到周天子那里学习，实在是太了不起！周天子、鲁昭公那是什么样的伟大人物，小小的孔子一下子就飞黄腾达了，我也要向他学习，成为诸侯和帝王的座上宾！

从此，慕名前来跟随孔子学习的弟子越来越多。

孔子年纪轻轻就精通周礼，不仅学生很仰慕他，而且诸侯也十分仰慕，各路诸侯都想像周天子一样威风，想要学习人家天子的礼仪和风范。

孔子三十岁时，齐景公专程来鲁国请教孔子："为什么秦国小而偏僻，却也能够称霸呢？"

孔子说："秦国虽小，志向却很大；地方虽然偏僻，施政却很恰当。秦穆公重用五张黑公羊皮赎来的百里奚，把执政大权交给他了。用这种精神来治理国家，就算统治整个天下也是可以的，当个霸主还算是小的呢。"景公听了很高兴。

齐景公又向孔子请教该如何治理国家，孔子说："国君要有国君的样子，臣子要有臣子的样子，父亲要有父亲的样子，儿子要有儿子的样子。"景公听了后说："对极了！假如国君不像个国君，臣子不像个臣子，父亲不像个父亲，儿子不像个儿子，即使有很多的粮食，我怎么能吃得着呢！"改日景公又向孔子请教为政的道理，孔子说："管理国家最重要的是节约开支，杜绝浪费。"

景公听了孔子重用人才、君臣父子之礼、勤俭节约的治国之道后很高兴，打算把尼谿的田地封赏给孔子，重用他来大兴齐国。

晏婴劝阻说："儒者这种人，只是能说会道，尽是讲些好听的漂亮话，谈什么仁义道德，就是不讲律法；他们高傲任性自以为是，固执一根筋，不能当作下臣使用；他们重视丧事，竭尽哀情，为了葬礼隆重而不惜倾家荡产，不能让这种做法形成风气；他们四处游说乞求官禄，绝不能任用儒家来治理国家。自从那些圣贤相继下世以后，周王室也随之衰微下去，礼崩乐坏已有好些时间了。现在孔子讲究仪容服饰，规定烦琐的上下朝礼节，这些繁文缛节一辈子也搞不清楚，几代人也学习不完。您如果想用这套东西来使齐国强大，恐怕不是好办法。"

齐景公听了之后，就对孔子敬而远之了。

☯ 孔子的身手

孔子治国理政难道就没有一显身手的时候吗？

鲁定公十年，鲁国与齐国和解，齐景公与鲁定公在夹谷会晤。孔子以大司寇（类似现在最高法院院长、最高检察院检察长）的身份随鲁定公出行，他在礼仪方面想的很周到："我听说办理外交必须要有武装准备，办理武事也必须有外交配合。出了自己的疆界，一定要带齐必要的官员随从。请求您安排左、右司马（兵马大元帅）一起去。"鲁定公答应了。

定公在夹谷与齐侯相会，在那里修筑了盟坛，用国君相遇的简略礼节相见后拱手揖让登坛。彼此馈赠应酬的仪式行过之后，齐国开始演奏四方各族的舞乐，齐国的乐队打着旌旗、头戴羽毛，穿着皮衣，手拿矛、戟、剑、楯等武器上台表演。

孔子见状赶忙跑过来，一步一阶快步登台，还差一级台阶时，便扬起衣袖一挥，说道："我们两国国君为和好而来相会，为什么在这里演奏夷狄的舞乐，请命令他们下去！"

齐景公心里很惭愧，挥手叫乐队退下去，开始演奏宫中的乐曲。于是一些歌舞杂技艺人和身材矮小的侏儒都上来表演。

孔子看了又急忙跑过来。一步一阶往台上走，最后一阶还没有迈上就说："普通人敢来胡闹迷惑诸侯，论罪当杀！请命令主事官员去执行！"

于是主事官员依法将他们处以腰斩。齐景公大为恐惧，知道自己在礼仪方面不如鲁国懂得多，回国之后很是慌恐，就退还了从前所侵夺的鲁国土地，以此来向鲁国道歉并悔过。

如此看来孔子的礼还是唬住了不少人嘛！他还有其他才能吗？

孔子五十六岁由大司寇升职为代理国相职务，脸上露出喜悦神色。他的弟子说："听说君子大祸临头不恐惧，大福到来也不喜形于色"。孔子说："是有这样的话，但不是还有一句'乐在身居高位而礼贤下士'的话吗？"

孔子参与国政三个月，杀了扰乱国政的大夫少正卯；贩卖猪、羊的商人就不敢漫天要价了；男女行人都分开走路；掉在路上的东西也没人捡走；各地的旅客来到鲁国的城邑，用不着向官员们求情送礼，都能得到满意的照顾，好像回到了家中一样。

看样子孔子和法家也差不多嘛，还不是要靠杀人威吓，根本就不是靠什么仁义感化！孔子还要求男女分开走路。

齐国知道孔子在鲁国执政就害怕了起来：孔子在鲁国执政下去，一定会称霸，齐国靠鲁国最近，一旦鲁国称霸，必然会先来吞并齐国。

齐国决定阻止鲁国重用孔子，于是挑选了 80 位美貌女子，都穿上华丽的衣服，教会她们跳《康乐》的舞蹈，连同身上有花纹的一百二十四马，一起送给鲁君。鲁君收到齐国的美女和骏马后，连国家的政事也懒得去管理了，就连在郊外祭祀的烤肉也没分给大夫们。于是孔子离开了鲁国。

孔子与管仲这一点不同。齐桓公重用管仲，事事都可依管仲，样样都可以改，唯独喜欢美色无法改。齐桓公问起管仲自己喜欢美色会不会影响霸业时，管仲的回答都是不会。

而孔子见鲁君亲近美色就弃之而去。孔子视男女之事为洪水猛兽，而管仲却更为开放，管仲说爱女色是男人的本性，是人之常情。

☯ 三句话不离周礼

孔子三十五岁的时候逃奔到齐国，做了高昭子的家臣，想借高昭子的关系接近齐景公。他与齐国的乐官谈论音乐，听到了舜时的韶乐，就开始学习起来，有三个月的时间竟尝不出肉的味道，齐国人都称赞他。

孔子向师襄子学习弹琴，一连学了十天，也没增学新曲子。师襄子说："可以学些新曲了。"孔子说："我已经熟习乐曲了，但还没有熟练地掌握弹琴的技法。"

过了些时候，师襄子又说："你已熟习弹琴的技法了，可以学些新曲子了。"孔子说："我还没有领会乐曲的意蕴。"

又过了些时候，师襄子又说："你已经领会了乐曲意境，可以学些新曲了。"孔子说："我还没有体会出作曲者是怎样的一个人。"

过了段时间，孔子肃穆沉静，深思着什么，接着又心旷神怡，显出志向远大的样子，说："我体会出作曲者是个什么样的人了，他的肤色黝黑，身材高大，目光明亮而深邃，好像一个统治四方诸侯的王者，除了周文王又有谁能够如此呢！"

师襄子恭敬地离开位给孔子拜了两拜，说："我老师原来说过，这是《文王操》呀。"

☯ 专事诗书

孔子离开鲁国十四年后又回到鲁国。鲁哀公向孔子请教为政的道理，孔子回答说："为政最重要的是选择好大臣。"季康子也向孔子问为政的道理，孔子说："要举用正直的人，抛弃邪曲的人，那样就使邪曲的人变为正直的人了。"季康子忧虑盗窃，孔子说："如果人们没有犯罪的欲望，你就是给奖赏，人们也是不会去偷窃的。"他们听了这些道理后并没有重用孔子，孔子也不再请求出来做官。

不知是孔子做官的念想彻底打消了，还是到处碰壁没有了做官的机会。反正结果都一样，他退闲在家，专心整理编修《诗经》《尚书》《礼经》《乐经》《周易》《春秋》，并用这些作为教材。他的学生们越来越多，有的甚至来自远方，无不虚心向孔子求教。

周文王和周公喜好研究《易经》，孔子晚年也喜欢钻研《周易》，他详细解释了《象辞》《锡辞》《卦》《文言》等。孔子研读《周易》刻苦勤奋，把编穿书简的牛皮绳子都弄断了多次。

为何被奉为圣人

孔子讲述三皇五帝的治国策略，推崇周公辅佐周天子的方法，却到处碰壁。

受挫反而使他在教育方面有了不少建树。很多年轻人想要出人头地、建功立业、飞黄腾达就找到了儒家这条最好走的路，拜在孔子门下。

而作为普通老百姓，他们并不想出人头地去当官，只是想平平淡淡地生活，所以对孔子充满了嘲讽。

孔子派弟子去问路，路人说："天下到处都动荡不安，谁能改变这种现状呢？你与其跟着那逃避暴乱的人四处奔走，还不如跟着我们这些躲避乱世的人呢？"

孔子知道后失望地说："我们也想居住在山林里与鸟兽同群，要是天下太平，我也用不着到处奔走想改变这个局面了。"

有一天，孔子的弟子问除草的老人见到他老师了吗，老人说："你们这些人四肢不勤劳，五谷分辨不清，谁是你的老师我怎么会知道？"

这些事不是说明孔子有多坎坷，而是说明孔子所执着的东西不是市场需求的。不是说明礼制有多糟糕，而是说明孔子所推崇的思想与那个群雄争霸时代的不相适应。

孔子不仅不被诸侯所用，连普通老百姓也嘲讽鄙视他。

只有想发达的文人才会追捧儒家这种相对好走的仕途。

这样看来貌似孔子并没有重大的贡献。可为什么孔子在生活的时代得不到重用，而后世为何评价奇高无比？

他这套东西在乱世注定是行不通的，只会成为遥不可及的乌托邦，他的理论只有大一统的时代才会成为帝王的最爱。

鲁哀公在孔子生前没有用他。孔子死后，鲁哀公为他作了一篇悼词说："老天爷不仁慈呀，不肯留下这位老人，让他扔下我孤零零一人在位，我孤独而又伤痛。啊！多么痛！多么痛！尼父啊，没有人可以作为我学习的楷模了！"

孔子葬在鲁城北面的泗水岸边，他的弟子及鲁国人相率前往墓旁居住的有一百多家，因而就把这里命名为"孔里"。

鲁国世世代代相传，每年都定时到孔子墓前祭拜，而儒生们也在这时来这里讲习礼仪。后来人们修庙，用来收藏孔子生前穿过的衣服、戴过的帽子、使用过的琴、车子、书籍等，直到汉代，二百多年间没有废弃。

高帝刘邦经过鲁地，用牛、羊、猪三牲俱全的太牢祭祀孔子。此后，诸侯、卿大夫、宰相一到任，通常是先去拜谒孔子墓，然后才去就职处理政务。这种传统一直延续到后世，历代帝王都尊孔、祭孔。

☯ 仁者爱人

孔子想当官恢复周礼，带领学生周游列国想实现这个美梦，可惜这是个不合时代的美梦，是一种空想，根本不会实现。

诸侯叛乱本身是一种暴力行为，是一种杀戮行为，是想要称霸夺周王室的权。孔子却想恢复周王朝，再加上一些漂亮话空口说教，有人听吗？能解决问题吗？当然根本不会有人采用孔子的那一套！

诸侯需要的是打天下、称霸诸侯的霸道，而不是守天下的王道。

孔子的哲学观点是什么？

孔子的贡献在于他系统地整理、继承和丰富了过去的文化遗产，创立了以仁礼为核心的哲学思想。

仁到底是什么意思？我们先把仁的定义说清楚。连仁是什么都很模糊，还怎么去学习与应用？

春秋前期，人们把尊亲敬长、爱护民众、忠于君主和遵循礼仪的美德都叫作仁。孔子继承和发扬了这一观念，并且深化了仁的内涵。

仁，就是二人，亲密的意思。孔子的弟子樊迟问孔子什么是仁，孔子问答说："仁者爱人。"人与人的关系，要友善相亲、相互帮助。

"仁者爱人"这是儒家哲学的核心，即使放在现在人类社会也是至高的价值观。

在家要爱子女、爱父母，讲孝道；在外爱人民、忠君王。先爱自己的亲人，然后普及到民，再推广到万事万物的道理，按孟子的说法就是："亲亲而仁民，仁民而爱物"。

仁推而广之，反映在政治上就主张德治。仁说和礼说用在治国的方略上，就是为政以德。孔子说："道之以政，齐之以刑，民免而无耻，道之以德，齐之以礼，有耻且格。"

那怎样做才算仁？

孔子说，"夫仁者，己欲立而立人，己欲达而达人"。又说，"己所不欲，勿施于人"。

仁爱之人，自己对别人仁爱，别人才会对你仁爱，自己对别人宽容，别人才会对你宽容。如果能够推己及人也就做到了仁。

这是儒家用于处理人际关系的重要原则，即忠恕，要求根据自己内心的体验来推测别人的思想感受，达到推己及人的目的。忠恕之道，也就是仁道，是一种宽容和爱人的精神，是孔子的核心观念。

☯ 内仁外礼

仁的第二个含义是克己复礼。在答复弟子颜渊时，孔子说："克己复礼为仁。""克己"就是自觉地约束自己，"复礼"就是一切言行要纳于礼。人们通过克制自己，达到自觉守礼的境界，言行都合于礼，这也就是仁的境界。

那怎么复礼呢？

子路问孔子："假如国君等着您去治理国政，您首先准备处理的大事是什么？"他回答说："必先正名乎！"

大夫诸侯争霸，以前天子才可议用的礼现在诸侯都在用，甚至出现臣弑君、子弑父等问题。社会动荡和变革，把原有的制度、秩序打乱了，出现了"礼崩乐坏"的局面，好多事情已经名实紊乱、名实不符了。"正"就是把已经紊乱了的、按原有的规定把它匡正过来，使之名与实相符，一切按周礼行事。

礼仁结合，纳仁于礼，用仁来充实礼，这是孔子的创新。他说："人而不仁，如礼何？人而不仁，如乐何？"就是说，礼乐只能由仁的人来实行，不仁的人是无法行礼乐的。

仁是礼的内在精神，礼是仁的外在表现。仁是礼的存在意义，礼是仁的表现形式。仁是礼的结合，这才是完美的制度。

孔子一直受追捧，但对其批判也是很多的，到现在也是褒贬不一。

礼制也好、法制也罢，其核心应该是仁，如果失去仁，失去仁爱，无论是礼还是法，都会变成糟糕的恶礼和恶法。

一项礼仪、一则法度，如果不是为了立人、达人、爱人、发展人，而是为了统治、压榨、剥削，那就变成可怕的、束缚人的礼教和压迫人的恶法。

那对现在有什么启示呢？

国家与企业的管理单靠法律和制度是远远不够的，因为执法和管理同样需要很高的成本，不可能管理到每一个细节，更不能深入人心。

唯有仁爱的理念深入人心，无论是治理国家、管理企业，还是生产产品、提供服务，才能以爱人的精神，才能以己所不欲勿施于人的态度去工作和生活。

就拿现代管理来说，如果上级关爱下级，下级对上级负责，国家、企业通过各种方式关心、关爱、发展、培养民众、员工，那么这样的国家、企业一定很有凝聚力，生产的产品和提供的服务才有竞争力。

孔子的仁说，体现了人道精神；孔子的礼说，则体现了礼制精神。

第六章

孟子：仁义之道

孟子

☯ 孔子的翻版

孔子死后，儒家分为很多学派，其中比较有代表性的是孟子和荀子的学说。

孔子、孟子、荀子的经历都是十分相似、十分坎坷的。特别是孟子与孔子的经历尤其相似，几乎是孔子的翻版。孟子对孔子十分尊崇，说，"自生民以来，未有盛于孔子也"；"乃所愿，则学孔子也"。

孟子也是没落贵族、效仿孔子带领弟子游历齐、宋、滕、魏、鲁等国，前后有二十多年，他怀才不遇，随后退隐与弟子一起著书。

孟子在学习和了解孔道之后，便去游说齐宣王，齐宣王没有任用他。于是到了魏国，梁惠王不但不听信他的主张，还嘲讽他的主张不切实情、远离实际。

当各诸侯国正致力于"合纵连横"的攻伐谋略，把能攻善伐看作贤能的时候，孟子却称颂唐尧、虞舜以及夏、商、周三代的德政，因此他被他所周游的那些国家嗤之以鼻。

于是孟子回到家乡阐发孔子的思想学说，埋头写成《孟子》一书。

再天才的计划，得不到应用，也只能是理论派的纸上谈兵，甚至沦为空想。

当时，各诸侯国都在实行变革，秦国任用商鞅，使国家富足，兵力强大；楚国、魏国都任用过吴起，战胜了一些国家，削弱了强敌；齐威王和宣王举用孙膑和田忌等人，国力强盛，使各诸侯国都东来朝拜齐国。这些变革家，把自己的主张和知识应用到国家治理中，把理论和实践统一起来。

儒家呢？光有一肚子理论，就是不被重用，那只好去教学生。儒家弟子一大堆，对教育倒是有不小的贡献。

孟子生活的时代，正是墨家学说和杨朱学说鼎盛的时代，这两种学说如日中天。儒家老掉牙的主张人们已经毫无兴趣了，儒家要发展，面临着同墨家学说和杨朱学说的激烈竞争。

孟子说："杨朱和墨翟的学说充盈天下，天下的观点不是归杨就是归墨。"又说："反对墨的必归于杨，反对杨的必归于儒。"

孟子痛斥杨、墨学派，说："杨、墨之道不息，孔子之道不著。是邪说诬民，充塞仁义也。仁义充塞，则率兽食人，人将相食。吾为此惧，闲（卫）先圣之道，距杨、墨，放淫辞，邪说者不得作。"

孟子严厉地驳斥杨、墨的异端邪说，是要维护大禹、周公、孔子三个圣人的事业，他要正人心，就必须辟杨、墨。孟子甚至说："能言距杨、墨者，就是圣人之徒。"

儒家为啥对杨、墨咬牙切齿，杨、墨为什么又有这么大的魅力吸引天下人？

☯ 墨家极度利人

墨子是了不起的大才，在中西方哲学史上，能出其右者有几人？他无论是在人文科学还是在自然科学都有建树。墨子在自然科学中的逻辑学、几何学、物理学、光学等领域，均有突出的科学贡献。

墨子学过木工，据说他制作守城器械的本领比鲁班还要高明，善于机械制造与工程管理，而且熟悉战争攻略。

墨子言行一致，不虚伪，还谦虚地自称是"鄙人"，人们也都称他为"布衣之士"。

墨子同情社会底层人士，年少时决心去拜访天下名师，学习治国之道。于是穿着草鞋，步行天下，开始在各地游学。

墨子刚开始师从儒者，学习孔子的儒学，颂扬尧、舜、大禹，熟读《诗经》《尚书》《春秋》等儒家典籍。

但墨子慢慢发现，儒家对待天帝、鬼神和命运的态度根本不正确。儒家提倡的厚葬久丧和奢靡礼乐都是些华而不实的套路，于是他另立新说，创立了墨学，在各地聚众讲学，以激烈的言辞抨击儒家和各诸侯国的暴政。

于是大批的社会低层士人开始追随墨子，逐步形成了的墨家学派，成为儒家的主要反对派。

墨子提出了"兼爱""非攻""尚贤""尚同""天志""明鬼""非命""非乐""节葬""节用"等观点。

兼爱、非攻，就是要求人人平等互爱，"爱人若爱其身"，只要大家"兼相爱，交相利"，社会上就没有强凌弱、贵傲贱、智诈愚和各国之间互相攻伐的现象了。

何为"兼相爱、交相利"？

墨子曰："视人之国，若视其国；视人之家，若视其家；视人之身，若视其身。是故诸侯相爱，则不野战；家主相爱，则不相篡；人与人相爱，则不相贼；君臣相爱，则惠忠；父子相爱，则慈孝；兄弟相爱，则和调。天下之人皆相爱，强不执弱，众不劫寡，富不侮贫，贵不傲贱，诈不欺愚，凡天下祸篡怨恨，可使毋起者，以相爱生也，是以仁者誉之。"

只有兼爱了，天下就太平了，就可以饥者得食、寒者得衣、劳者得息。

兼爱就是对所有人一视同仁，这与儒家所讲的君臣、父子、夫妻的仁爱之道是相对立的。

天志、明鬼，就是说天有意志，天爱民，君主若违天意就要受天之罚，反之，则会得天之赏。

墨子主张从天子、诸侯国君到各级正长，都要"选择天下之贤可者"来充当；而人民与天子国君，则都要服从天志，发扬兼爱，实行义政，否则，就是非法的，这就是"一同天下之义"。墨子要求君上任人唯贤，并提出"官无常贵，民无终贱"的主张。这就是所谓的尚同、尚贤。

这与儒家的君权神授、君王是天意安排、实施宗族礼制完全不同。

墨家非常强调节用、节葬，他们抨击君主、贵族的奢侈浪费，尤其反对儒家看重的久丧厚葬之俗，认为那是浪费社会资源。墨家要求君主、贵族都应像古代三代圣王一样，过着清廉俭朴的生活。墨子要求墨者在这方面也要身体力行。

墨子极其反对礼乐，甚至有一次出行时，听说车是在向朝歌方向走，立马掉头。他认为音乐虽然动听，但是会影响农民耕种、妇女纺织、大臣处理政务，上不合圣王行事的原则，下不合人民的利益，所以反对音乐。

墨子肯定天有意志，能赏善罚恶，能弘扬兼爱。他不赞同儒家提倡的天命，主张非命。他认为人的寿夭，贫富和天下的安危，治乱都不是由命运决定的，只要通过人的积极努力，就可以达到富、贵、安、治的目标。

墨子反对儒家所说的"生死有命，富贵在天"，认为这种说法"繁饰有命、愚化民众"，墨子看到儒家这种天命思想对人的创造力的消磨与损伤，所以提出非命。

杨朱极度利己

孟子和杨朱无冤无仇，杨朱到底是什么观点招致孟子如此憎恶？

这个世界很奇妙，就如太极的两端，有阳就有阴，有极端的利人，就有极端的利己。

墨家要求兼爱，是极端的利人，不赞成墨家的往往都跑到杨朱这里，成为极端的利己。

杨朱反对法先王，提倡无君论。

儒家言必称尧舜，崇拜大禹、周公、孔子，把他们奉为圣人和后世的典范。

杨朱却说："有生就有死，人人皆如此，生有贤愚、贫贱之异，而死皆归为腐骨，尧舜与桀纣并没有什么不同，所以圣人也没什么了不起。舍弃当今的人而去赞誉古代的先王，不就是在赞誉一堆枯槁的死人骨头吗？"因此他反对效仿什么圣人、恢复什么礼制，而是主张建立新的社会。

杨朱认为生命比一切都重要，而生命对人只有一次而已。因此，他强调的只是个人的利益，而不重视国家的利益，至于国君、诸侯、贵族之间的争斗关我屁事，从而导致了无君论。

人过留名、雁过留声，做圣人可以流芳千古，你杨朱就真的不想青史留名吗？

杨朱说："顾惜一时的毁谤与赞誉，使自己的精神与形体受到煎熬的痛苦，求得死后几百年留下的名声，这些名声能复活你枯槁的尸骨吗？这样活着又有什么乐趣呢？太古的事情早已完全消灭了，已经没有什么记载了；三皇的事迹好像有，又好像没有；五帝的事迹好像明白，又好像是神话；三王的事迹有的隐藏了，有的显示出来；以前的事情一亿件中未必知道一件。当世的事情有的听说了，有的看见了，一万件中未必明了一件。眼前的事情有的存在着，有的过去了，一千件中未必明了一件。从太古到今天，年数无法数清，自伏羲以来三十多万年，贤人与愚人，好人与坏人，成功的事情与失败的事情，对的事情与错的事情，没有不消灭的，只是早晚、快慢不同罢了，贪图虚无的名望真是愚蠢。"

像杨朱这样只顾自己、不顾他人，那社会还怎么运转，国家还怎么管理？

儒家提倡修身齐家治国平天下，先要学会做人，才能把自己的家庭管理好，然后再去管理国家，先把小的事情做好，再去做大的事情，但杨朱对此嗤之以鼻。

杨朱进见梁王，说："治理天下简单得很，就像在手掌上玩东西一样容易。"梁王说："先生连一妻一妾都管不好，三亩大的菜园都除不净草，却说治理天下就如同在手掌上玩东西一样容易，不是笑话吗？"

杨朱答道："见到过那牧羊的人吗？成百只羊合为一群，让一个五尺高的小孩拿着鞭子赶着羊群，想叫羊向东羊就向东，想叫羊向西羊就向西。为什么能吞没船只的大鱼不到支流中游玩，鸿鹄在高空飞翔而不落在池塘上？因为它们的志向极其远大。黄钟大吕这样的音乐不能给繁杂凑合起来的舞蹈伴奏，因为它们的音律很有条理。做大事的人不做小事，成就大事的人不成就小事。"

梁王："说得好听，那具体怎么治理国家呢？"

杨朱说："古之人，损一毫利天下，不与也；悉天下奉一身，不取也。人人不损一毫，人人不利天下，天下治矣。人人治内贵己，互不侵、损，人人自重自爱，不就各安其所，天下不就治理了吗？"

杨朱又用子产和他兄弟的故事举例。

子产当郑国的宰相三年，治国有方，好人服从他的教化，坏人害怕他的禁令，各国诸侯都害怕郑国。但是子产的哥哥嗜好饮酒，弟弟嗜好女色。哥哥家里的酒有一千坛，离他家很远酒气就扑鼻而来。哥哥只顾喝酒，不管时局的安危、道德的好坏、家业的有无、亲族的远近、生死的哀乐。弟弟的后院并列着几十个房间，里面都住着挑选来的年轻貌美的女子。弟弟沉迷于女色，远离一切亲戚、断绝和所有朋友的联系，躲到了他的后院，三个月才出来一次。然而这样的生活他还觉得不过瘾，发现乡间有美女，一定要弄到手才罢休。

子产日夜为哥哥和弟弟忧愁，悄悄地到朋友那里讨教办法，说："不是说修身齐家治国平天下，由近及远吗？我治理郑国已经成功了，但自己家中却一团乱麻。难道我的方法错了吗？有什么办法挽救我这两个兄弟呢？"

朋友告诉子产用性命的重要去晓喻他们，用礼义的尊贵去诱导他们。

子产采用了朋友的建议，找了个机会去见他的哥哥和弟弟，告诉他们说："人比禽兽尊贵的地方，在于人有智慧思虑。智慧思虑所依据的是礼义。如果你们遵循了礼义，那么名誉和地位也就来了；如果你们放纵情欲，沉溺于美酒和女色，那么性命就危险了。你们要是听我的话，早上悔改，晚上就会得到俸禄了。"

哥哥和弟弟说："这些道理我们早就知道，但我们乐意这样嗜欲生活。你以为天下就你最聪明吗？你想尊重礼义以便向人夸耀，抑制本性来换取名誉，我们却觉得你这样做还不如死了好。人生不就应该享受吗？我们要享尽一生的欢娱，受尽人生的乐趣，我们只担心肚子破了还不能放肆地去喝酒，精力疲惫了还不能放肆地去淫乐，没有工夫去担忧名声的丑恶和性命的危险。而且你以治理国家的才能向我们夸耀，想用漂亮的词句来扰乱我们的心念，用荣华富贵来引诱我们改变意志，不也鄙陋而可怜吗？我们倒要和你辨别一下。善于治理身外之物的，外物未必能治好，而自身却有许多辛苦；善于治理身内心性的，外物未必混乱，而本性却十分安逸。以你对身外之物的治理，那些方法可以暂时在一个国家实行，但并不符合人的本心；而我们对身内心性治理的方法可以推广到天下，君臣之道也就用不着了。我们还经常想用这种办法去开导你，今天你却反而要用你那办法来教育我们。"

子产茫然无话可说。过了些天，他把这事告诉了朋友。朋友说："你的兄弟真是高人啊！你同高人住在一起却不了解他们，亏你还是聪明人。郑国的成功治理不过是机遇和运气，并不是你的功劳啊！"

杨朱看来，贵己为我，便是让人人治理天下之道。

杨朱说："伯成子高不肯用一根毫毛去为他人谋利益，所以辞官隐居种田去了；大禹要用自己的身体为全国谋利益，结果全身残疾。如果要古时候的人损害自己一根毫毛去为天下谋利益，他是不肯的；如果把天下的财物都用来奉养他自己的身体，他也不愿要。人人都不损害自己的一根毫毛，人人都不为天下人谋利益，天下自然就太平了。"

墨子的首席弟子禽滑厘与杨朱辩论道："既然这样说，现在取你身上一根毫毛以救济天下，你愿意吗？"

杨朱说："天下本来不是我一根毫毛所能救济的。"

禽滑厘说："现在就假如你一根毫毛能救济天下，你愿意拔一根毫毛吗？

杨朱不吭声。

禽滑厘以为自己辩论胜利了。出门后杨朱的弟子告诉禽滑厘："你不明白我老师的心，请让我来说说吧。如果有人侵犯你的肌肉皮肤便可得到一万金，你愿意吗？"

禽滑厘说："愿意！"

杨朱的弟子又说："如果有人砍断你的一节身体便可得到一个国家，你愿意吗？"

禽滑厘沉默了。

杨朱的弟子接着说："一根毫毛比肌肉皮肤小得多，肌肉皮肤比一节身体小得多，这大家都知道。然而把一根根毫毛积累起来便成为肌肉皮肤，把一块块肌肉皮肤积累起来便成为一节身体。一根毫毛本是整个身体中的万分之一，为什么要轻视它，随便拔取呢？"

禽滑厘说："我不能用更多的道理来说服你。如果问老子、关尹，他们肯定认为你的话就是对的；如果去问大禹、墨子，他们肯定认为我的话是对的。"

杨朱的弟子问杨朱说："尊贵生命、爱惜身体就能不死吗?"

杨朱说:"没有不死的道理。"

弟子又问:"那么求长寿,可以吗?"

杨朱说:"没有长寿的道理。生命并不因为尊贵它就能存在,身体并不因为爱惜它就能壮实。再说了,人活那么长久干什么呢?人的情欲好恶,古代与现在一样;身体四肢的安危,古代与现在一样;人间杂事的苦乐,古代与现代一样;朝代的变迁治乱,古代与现在一样。已经听到了,已经看到了,已经经历了,活一百年都嫌太多,如果再长久地活着更是苦恼。"

弟子说:"既然这样,早点死亡比长久活着更好,那么踩剑锋、刀刃,入沸水、大火,很轻易就满足愿望了。"

杨朱说:"不是这样的。已经出生了,就应当听之任之,想干什么就干什么,一直到死亡。将要死亡了,就应当听之任之,尸体该放到哪里就到哪里,一直到消失。一切都放弃努力,一切都听之任之,何必那么在乎早死与晚死呢?"

尸体该放到哪里就到哪里?听之任之?简直不讲礼仪,这和动物有什么区别呢?

杨朱认为礼仪无用,祭奠不需要牺牲食品,埋葬也不用摆设冥间器具。杨朱用晏婴和管仲(管仲和晏婴同为齐相,管先晏后)的对话来举例。

晏婴向管仲询问养生之道。管仲说:"养生之道就是放纵罢了,不要壅塞,不要阻挡。"

管仲的这翻话让晏婴大跌眼镜,"还没听说过放纵就是养生,那具体怎么做呢?"

管仲说:"耳朵想听什么就听什么,眼睛想看什么就看什么，鼻子想闻什么就闻什么，嘴巴想说什么就说什么，身体想怎么舒服就怎么舒服，意念想干什么就干什么。耳朵想听悦耳的声音，却听不到，就叫作阻塞耳聪；眼睛想见漂亮的颜色，却看不到，就叫作阻塞目明；鼻子想闻花椒与兰草，却闻不到，就叫作阻塞嗅觉；嘴巴想说谁是谁非，却不能说，就叫作阻塞智慧；身体想追求的舒服是美丽与厚实，却得不到，就叫作抑制舒适；意念所想做的是放纵安逸，却做不到，就叫作抑制本性。凡此种种阻塞，都是残毁自己的根源。而清除残毁自己的根源，放纵情欲一直到死，即使只有一天、一月、一年、十年，就是我所说的养生。留住残毁自己的根源，执着追求残毁自己的根源，忧惧烦恼就会一直伴随到老，即使能活一百年、一千年、一万年，也不是我所说的养生。"

这和儒家的"非礼勿视、非礼勿听、非礼勿言、非礼勿动"的克己复礼主张完全相反！

管仲又说："我已经告诉你怎样养生了，那么死后送葬又该怎样呢？"

晏婴说："送葬就很简单，还要我怎么跟你说呢？"

管仲说："我就是想听听。"

晏婴说："既然已经死了，还能由得了我吗？烧成灰也行、沉下水也行、埋入土中也行、露在外面也行、包上柴草扔到沟壑里也行、穿上礼服绣衣放入棺椁里也行，怎么弄都行。"

管仲说："养生与送死的方法，我们两人已经说完了。"

杨朱用晏婴和管仲的对话来表达他的观点，在他看来，用外部虚无的"礼"来克制欲望，这样的人生是没有意义的，泯灭人欲的生活和死亡有什么区别？伯夷不是没有欲望，但过于顾惜清白的名声，以至于饿死了；展季不是没有人情，但过于顾惜正直的名声，以至于宗人稀少。

原宪在鲁国十分贫穷，子贡在卫国经商挣钱。原宪因贫穷损害了生命，子贡因经商累坏了身体。那么贫穷也不行，经商也不行，怎样才行呢？杨朱说，正确的办法在于使生活快乐、身体安逸。所以善于使生活快乐的人不会让自己陷入贫穷，善于使身体安逸的人不会去经商。

照杨朱这么说，人生就应该尽情纵欲啦？

百姓们得不到休息，是为了四件事忙碌：一是为了长寿，二是为了名声，三是为了地位，四是为了财货。有了这四件事，便害怕鬼神、害怕别人、害怕威势、害怕刑罚，这叫作逃避自然的人。这种人可以被杀死，也可以活下去，控制他们生命的力量在自身之外。

不违背天命，为什么要羡慕长寿；不重视尊贵，为什么要羡慕名声；不求取权势，为什么要羡慕地位；不贪求富裕，为什么要羡慕财货。这种不违背天命，不重视尊贵，不求取权势，不贪求富裕的人叫作顺应自然的人。这种人天下没有敌手，控制他们生命的力量在自身之内。

这听起来很有道理，我们经常抱怨外部环境怎么不好，却忽视自己的欲望过盛。

杨朱说要轻物重生，适当的满足欲望。高大的房屋、华丽的衣服、甘美的食物、漂亮的女子，有了这四样，又何必再追求另外的东西呢。有了这些还要另外追求的，是贪得无厌的人性。

　　杨朱不认同儒家的忠义之说他认为：忠并不能使君主安逸，恰恰能使他的身体遭受危险；义并不能使别人得到利益，恰恰能使他的生命遭到损害。使君上安逸不来源于忠，那么忠的概念就消失了；使别人得利不来源于义，那么义的概念就断绝了。

　　现在有名声的人就尊贵荣耀，没有名声的人就卑贱屈辱。尊贵荣耀便安逸快乐，卑贱屈辱便忧愁苦恼。忧愁苦恼是违反本性的，安逸快乐是顺应本性的。这些是与实际生活紧密相关的，所以怎么能不要名声？只是担心为了坚守名声而损害了身体啊！为了坚守名声而危险到灭亡啊！

　　杨朱所说的"为我"就是不侵犯他人。他说："人要运用智慧而不依仗力量，智慧能保存自己而可贵，力量因侵害外物而低贱。身体既然出生了，就不能不保全它；外物也不是我所有的，既然存在着，便不能抛弃它。虽然要保全生命，却不可以占有自己的身体；虽然不能抛弃外物，却不可以占有那些外物。

　　"占有那些外物、占有自己的身体，就是蛮横地把天下的身体属于己有、蛮横地把天下之物属于己有。不蛮横地把天下的身体属于己有、不蛮横地把天下之物属于己有的，大概只有圣人吧！能把天下的身体归公共所有、把天下的外物归公共所有，大概只有至人吧！这才能叫作最崇高最伟大的人。"

　　杨朱的不法先王、不重礼仪、不贪名利、不忠不义、不拔一毛的"贵己""为我""重生"思想是对儒家的彻底否定，难怪孟子对他恨得咬牙切齿！

　　之所以花这么长篇幅说杨朱，就是说杨朱思想有值得人们借鉴的意义。

杨朱的"贵己"，认为己身之最贵重者莫过于生命，生难遇而死易及，这短促的一生，应当万分贵重，要乐生，一切以存我为贵，不要使生命受到损害，去则不复再来。杨朱倡导全性保真，就是顺应自然之性，生既有之便当全生，物既养生便当享用之，但不可逆命而羡寿，聚物而累形，只要有"丰屋美服，厚味姣色"满足生命就够了，不要贪得无厌，不要为外物伤生。

自纵一时，勿失当年之乐；纵心而动，不违自然所好；纵心而游，不逆万物所好；勿矜一时之毁誉，不要死后之余荣；不羡寿、不羡名、不羡位、不羡货，乃可以不畏鬼、不畏人、不畏威、不畏利，保持和顺应自然之性，自己主宰自己的命运。这种思想在当时影响很大。

这种顺应自然、保全自己的想法和道家有类似，所以后世有人把杨朱学说勉强归于道家。

杨朱学派虽然只是昙花一现，但杨朱的思想后世延绵不绝。虽然很多人秉持这种思想但是不敢言说，因为他们害怕这种极端自利的想法，一说出来就会被骂。

杨朱是不是小人，我不敢说，但杨朱很真、不装，尽说大实话，不说漂亮话。

杨朱的"贵己""为我"，真的是很多人抨击的"自私自利""只顾自己""颓废堕落"吗？

不要忽略了他所处的背景，在诸侯纷争、相互侵略的时代，君王厚生而致使臣民轻死，仁义礼智之说，已成虚伪之谈。

春秋无义战，宝贵的生命为了贵族争夺王权而牺牲，实在不值得！宝贵的生命只有一次，让老百姓上前线打仗保卫贵族的国家、替诸侯争夺王权，休想，人们自然是一毛不拔！

☯ 用"仁爱"去战胜墨家"兼爱"

面对正如日中天的墨家学说和杨朱学说，孟子该如何与他们 PK 呢？

墨子大公无私，让人感动落泪，如此精通科技，擅长机械和工程，是那些夸夸其谈者无法企及的。儒家该如何驳斥墨子学说呢？

儒家创始人孔子提出，仁者爱人、仁者亲也，他的仁爱和墨子提出的兼爱难道不是一个意思吗？为何儒家不仅不赞成墨家，还说墨子和杨朱一样无君无父乃禽兽尔！

孟子说，墨家的兼爱完全不对！

现在请读者思考一下，你能像爱自己的母亲一样去爱别人的母亲吗？能像爱自己的妻子一样去爱别人的妻子吗？能像爱自己的儿子一样去爱别人的儿子吗？你能同样地去爱杀死你亲人的敌人吗？你能同样地去爱坏蛋吗？

不行，我做不到！

那就对了。兼爱要求不分亲疏厚薄、不分贵贱贫富、不分人我彼此，对所有人无差别地爱，墨家认为只有无差别的爱才不会导致相互攻伐。墨家这不是胡说八道吗？这种违背人性的观点，不是禽兽的主张又是什么？

那孟子的仁爱呢？

儒家的仁爱以家庭为单位，优先爱自己的亲人，然后通过"善"（同情心、是非心、羞耻心、恻隐心）慢慢向外扩展，比如通过同情心扩展到"老吾老以及人之老，幼吾幼以及人之幼"，并不是说不分差别地爱所有老幼，而是能够同情和可怜其他老幼，在照顾好自家老幼且能力之余，再去关爱别的老幼，也就是孟子所说的"穷则独善其身，达则兼济天下"。先关爱亲近的人，然后再去关爱值得爱的人、应该爱的人。兼爱和仁爱是有差别的！

貌似有理，然后呢？孟子的仁爱会扩展到哪里？从对亲情的爱扩展到对君王的爱，搞什么父慈子孝、君仁民忠、忠孝一体，对吧？像服侍自己的父母一样服侍统治者，是吗？

很不幸，孟子的所说的仁爱其实就是这个样子。

那孟子的思想是在奉迎君王吗？

所以孟子又道："民为贵，社稷次之，君为轻。"意思是说，人民放在第一位，国家其次，君在最后。君主不能光是要人民爱他，他应以爱护人民为先，为政者要保障人民权利。

☯ 用"义"战胜杨朱的"贵己"

杨朱虽然没有墨子那么"高大上"，甚至显得有些低端，但人家说的也头头是道，还有一大堆信徒，要驳斥杨朱的观点也是十分困难的。孟子该怎么办呢？

孟子发现，人其实并不怕死，只是要死得值得。从古至今，并不是杨朱所说的人人都贪生怕死，还是有无数的仁人志士敢于流血牺牲，他们到底是为了什么？

孟子终于想到了他们为的是什么，并给它起名叫"义"。为了义去死，就死得其所，就视死如归。

什么是义？孟子说是比生命更重要的东西。

你怕死？你可知道义是什么？当你知道了义的意义，你就将生死置之度外了。

什么是不义？孟子说是比死亡更令人憎恶的东西。

义是孟子提出的重要哲学概念。他在许多地方都提到过义。如，我们耳熟能详的《鱼我所欲也》中说：

"生，亦我所欲也；义，亦我所欲也。二者不可得兼，舍生而取义者也。生亦我所欲，所欲有甚于生者，故不为苟得也。死亦我所恶，所恶有甚于死者，故患有所不辟也。

"一箪食，一豆羹，得之则生，弗得则死。呼尔而与之，行道之人弗受；蹴尔而与之，乞人不屑也。

"万钟则不辩礼义而受之，万钟于我何加焉！为宫室之美，妻妾之奉，所识穷乏者得我与？乡为身死而不受，今为宫室之美为之；乡为身死而不受，今为妻妾之奉为之；乡为身死而不受，今为所识穷乏者得我而为之：是亦不可以已乎？此之谓失其本心。"

孟子与同时代流行的墨家、杨朱学说的辩论中，发展了儒学，在孔子"礼""仁"的基础上，发展了"仁"，创造了"义"，开拓出"仁义之道"。

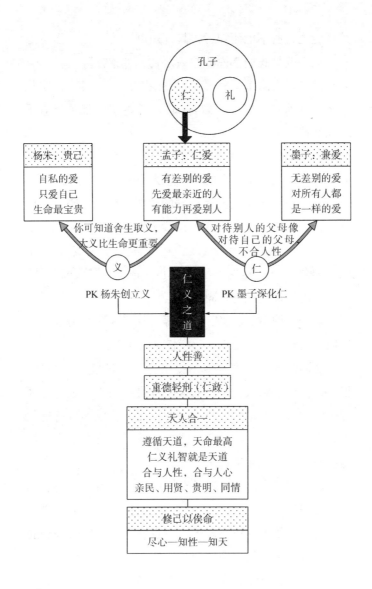

☯ 性善

　　孟子的主要哲学思想就是提出了性善论，就是说人天生就具有善良的本性。孟子说："人之所不学而能者，其良能也；所不虑而知者，其良知也。"

这不就是我们常说的"人之初，性本善"吗？

是的，南宋朱熹补充为"人之初，性本善"，明代王阳明继承并发展出"致良知"，这些主张都是从孟子这里延伸而来。

儒家学派的创始人孔子都没有讨论过性善、性恶，孟子却提出人性是善良的，他怎么证明？

孟子在《告子上》有很好的说明：侧隐之心，人皆有之；羞恶之心，人皆有之；恭敬之心，人皆有之；是非之心，人皆有之。侧隐之心，仁也；羞恶之心，义也；恭敬之心，礼也；是非之心，智也。仁、义、礼、智，非由外铄我也，我固有之也。

孟子归纳出仁、义、礼、智，并认为这些是人们与生俱来的东西，不是出生后慢慢学习来的。

这同西方哲学家笛卡尔提出存在"理性""心灵"很相似。笛卡尔认为每个人天生就具有逻辑推理、计算分析的能力，不是后天学习来的，而动物就不具备这种能力。笛卡尔的哲学是划时代的，给后世哲学带来精神与物质分离的二元论棘手问题。

孟子说每个人天生就具有侧隐之心、羞恶之心、恭敬之心和是非之心，这是因为具有这些本性才称之为人，而动物就不具备。孟子的观点同样给后世带来到底人性是善还是恶的长期争论。

感觉西方哲学家大多数都是科学家，中国哲学家大多数都是想治国理政的人，是这样的吗？

的确是这样的。所以西方哲学离不开科学的发展，科学家每次发现新的理论都会给思想界带来震撼，带来新的哲学观点；中国哲学离不开历史和政治现实，不同的时代、不同的背景，社会需要的哲学观点就不一样。

孟子提出性善论肯定有什么目的吧。否则为什么不像笛卡尔一样提出"人天生具备逻辑思维能力""人天生具备计算分析能力""人之天生就具备掌握音乐的能力"？

不错，哲学家提出某个假定都是为了推理、论证出他想要的东西。

孟子看来，既然仁、义、礼、智是人们与生俱来的，那么不具备仁、义、礼、智的人和禽兽就没什么区别，就不能称之为人！所以，即使人慢慢长大也不能受外部环境的影响泯灭仁、义、礼、智。这样，孟子就把仁、义、礼、智变成了人们普遍应该遵守的道德规范。

原来是这么个论证过程啊！

孟子认为，仁、义、礼、智四者之中，仁、义最为重要。而仁、义的基础是孝、悌，孝——孝顺父母、悌——尊敬兄长。孝、悌是处理父子和兄弟血缘关系的基本的道德规范，然后再推而广之，要求人们做到"父子有亲，君臣有义，夫妇有别，长幼有序，朋友有信"。如果每个人都用仁义来处理各种人与人的关系，社会秩序的稳定和天下的统一就有了可靠保证。

☯ 仁政

统治者统治万民，不过两手：镇压与教化。孔子在治国方略上主张以德为主、以刑相辅，即"道之以德，齐之以礼"，用道德和礼教来管理民众，民众不但有廉耻而且民心归服，才是最高尚的政治。最完美的政治应当是免刑、无讼和去掉残暴、免除虐杀。

孟子在孔子重德轻刑的"德政"的基础上提出了"仁政"（也叫义政，就是儒家所说的推行王道），主张"省刑罚，薄税敛"，提倡以教化为主，"善政，民畏之；善教，民爱之"。孟子从历史经验总结出：夏商周"三代之得天下也以仁，其失天下也以不仁，国之所以废兴存亡者亦然"。他曰，"暴其民甚，则以身弑国亡"，又说，"得道多助，失道寡助"。

就是说如果统治者实行仁政，可以得到人民的衷心拥护；反之，如果不顾人民死活，推行虐政，将会失去民心而变成独夫民贼，被人民推翻。

什么是仁政呢？

孟子发展了孔子的"仁"，孟子解释"仁"就是"人心"。《孟子》一书中把"仁政"深化为五点：一是亲民，"与百姓同之""与民同乐"；二是任用贤良，"为天下得人者谓之仁""尊贤使能，俊杰在位""贤者在位，能者在职；明其政刑"；三是以民为本，"民为贵，社稷次之，君为轻"；四是重义轻利，舍身取义，"生，亦我所欲也；义，亦我所欲也。二者不可得兼，舍生而取义者也"，要以"礼义"来约束自己的一言一行，不能为优越的物质条件而放弃礼义，"万钟则不辨礼义而受之，万钟于我何加？"；五是杀无道，仁政的基础就是要践行民贵君轻的主张，君主必须重视子民，君主如有大过，臣下则谏之，如谏而不听可以易其位。至于像桀、纣一样的暴君，臣民可以起来诛灭之。孟子推行王道，反对实行霸道（即用兼并战争去征服别的国家），要用仁政争取民心的归服，以不战而服，即他所说的"仁者无敌"，只要实行王道（仁政）就可以无敌于天下。

如何实施仁政呢？

孟子看到了诸侯争战，土地被贵族和地主强取豪夺，老百姓流离失所、食不果腹。于是说："夫仁政，必自经界始。""经界"意思就是划分和整理田界，分给每家农户五亩之宅，百亩之田，让他们吃穿能自给自足。只有使人民拥有"恒产"，固定在土地上，安居乐业，他们才不去触犯刑律，为非作歹。故孟子说："民之为道也，有恒产者有恒心，无恒产者无恒心。"

人民的物质生活有了保障，统治者再兴办学校，用孝悌的道理进行教化，引导他们向善，这就可以造成一种"亲亲""长长"的良好道德风尚，即"人人亲其亲、长其长，而天下平"。君王实行仁政，君王要像父母关爱子女一样关爱人民、关心人民的疾苦，人民应该像对待父母一样去亲近、服侍君王，就可以得到天下人民的衷心拥护，实现天下大治。

☯ 天人合一

在古人的思想观念中，人们的富贵贫贱、吉凶祸福以及死生寿夭、穷通得失，乃至科场中举、货殖营利，有一种取决于冥冥之中，人类自身不能把握的一种力量，那就是命运。

普通人相信命运也就算了，孔子这个知识渊博的大儒，怎么也会相信命运呢？

孔子早年风尘仆仆，奔走列国，那时的他是绝对不相信命运的，他相信只要努力就一定能干一番轰轰烈烈的事业，即使到处碰壁，也一往无前。

可是到了后来，他处处受挫，经过各种努力，还是没法当上官，而当时他已是个五十岁的老头了，与年轻时血气方刚、光芒万丈的理想相去甚远。

那时候，孔子才深深地省悟到，命运之神竟是如此的厉害！

孔子"五十而知天命"：算了吧，原来当老师就是我的天命，那我就不要再纠结于当官了，认命吧，开心当老师吧。

于是孔子和他的弟子们开始鼓吹"死生有命，富贵在天""不知命，无以为君子""君子居易以俟命，小人行险以侥幸"的思想。

孔子认为，一个人的生死贫富都是命里早就注定了的。作为一个君子来说，非得知命不可，否则就够不上做"君子"的资格。正因为君子是"知命"的，所以他能安分守己，服从老天爷的安排，但是小人却不这样，他们冒险去妄求非分的利益。

孟子继承了孔子的天命思想，并有所发展。孟子讲天讲的特别多，提出了天人合一。

那么什么是天人合一？

孟子认为天合乎于人，合乎于人性，合乎于人心，孟子认为天就是正义、道德、良心、人间的伦理。

难怪我们经常说"对天发誓"，原来是受了孟子天就代表正义和道德的影响。天好像和正义、道德并没有什么关系吧？

天和正义、道德本来就没什么关系，天不能代表正义和道德。只是当人们无论再怎么努力也无法改变现实的时候，总会宽慰自己：算了吧，这是天意！当人们再辩解也于事无补的时候：算了吧，凭天地良心好了！孟子把天和道德等同起来，一定程度上是主观臆想，他认为是那样的，所以"天人合一"常被批评是唯心主义。

☯ 天命最高

孟子说，"莫之为而为者，天也；莫之致而至者，命也"。意思就是不做而成的是天意，不求而至的是命数。天命最高就是说天道是最高、最强大的，是有意志的。人世间的朝代更替、君王易位，以及兴衰存亡、富贵穷达，均是由天命所定。天意是不可抗拒的，人应顺天而行，"顺天者昌，逆天者亡"。

☯ 天意就是人心、人性

"尽其心者，知其性也，知其性则知天矣。"孟子认为，人们要是能尽力扩充和发挥自己的"本心"——四心（恻隐、羞恶、辞让、是非之心），就能认识自己的本性——四端（仁、义、礼、智），因为"本心"当中就包含着自己的本性，一旦"知性"，进而就可以认识"天命"。

这怎么理解呢？

就是说国家的管理也好、企业的管理也好、家庭的管理也好，要顺应人心，才能合乎人性，才能获得人们支持，才能长久发展，才能长治久安，这就是天意。

得民心者得天下，就是合乎天意的！

☯ 修己以俟命

孟子说天（客观世界）是按照顺应人性、人心的规

律发展的，这是人所不能违反的。"……天将降大任于
斯人也，必先苦其心志，劳其筋骨，饿其体肤，空乏其
身，行拂乱其所为，所以动心忍性，增益其所不能
……"这是说知识和能力必须经历困难，经过挫折、失
败，不断取得教训，受到锻炼，然后才能得之，拔苗助
长，非但无益，反而有害，欲速则不达。

孟子还说："夭寿不贰，修身以俟之，所以立命也。"
意思是不论寿命长短，都不要改变对待天命的态度，修
身养性，安分守己，等待和顺应天命，切不可以怀非分
的目的，这样才可以安身立命。他又说："莫非命也，顺
受其正。是故知命者不立乎岩墙之下。尽道而死者，正
命也；桎梏死者，非正命也。"天底下人的吉凶祸福，
无一不是天命，顺天（道德）而行就能正命，所以懂得
命运的人不站立在有倾倒危险的墙壁下面。因此，尽力
行道而死的人所受的是天的正命，犯罪而死的人所受的
不是天的正命。

天就是最高的道德标准，我的言行合乎了仁义，就
合乎了天命，那我就会安身立命，如果不合乎仁义礼智
的正道，去逆天而行做一些歪门邪道的事情，那只能不
得好死、非命而亡。

不管怎样，应该按照仁义而行，不能无缘无故地白
白送死。孟子在这一点上发展了孔子的天命观。

第七章

荀子：儒法融合

荀子

☯ 先秦思想的集大成者

荀子五十岁的时候才到齐国来游说讲学，曾先后三次担任稷下学士的祭酒（用现代的话说就是在齐国设立的学术交流机构担任首席研究员）。

后来，齐国有人毁谤荀子，荀子就去了楚国。春申君让他担任兰陵的县令，春申君死后，荀子被罢官，此后他便在兰陵安了家。

韩非、李斯都是荀子的入室弟子，正是因为他的两名弟子为法家著名代表人物，使很多人怀疑荀子是否属于儒家，在中国历史上受到许多人猛烈抨击。

在孔子那个时代，周朝王室衰微，诸侯割据，乱端横生，社会危机日益严重，所以常常唤起人们对周朝既往辉煌的怀念，希望恢复往日的安定秩序。孔子同样希望以周朝礼乐制度为社会理想，以道德自律、道德教化为改造社会的手段，来实现天下大治。但孔子的主张缺乏对社会现实及真实人性现实的冷峻思考，所以不为当时政治所接纳。

随着时代的发展，出现了百家的争鸣。孟子不再沉湎于对周礼的恢复，而是提出了"仁政"。但"仁政"骨子里也是道德自律与道德教化。

难道儒家就是迂腐地空谈大道理，其思想一点都不切实际，一点都不具有可操作性吗？

看看商鞅，人家就在分析君主需要什么。商鞅初入秦见孝公，第一次给孝公讲帝道，讲三皇五帝如何无为而治，但孝公不感兴趣；帝道卖不出去，他就卖王道，第二次给孝公讲如何学习文王用周朝的道德礼仪治国，孝公仍不感兴趣；最后商鞅提出了"霸道"，告诉孝公用法度来强大国家，称霸诸侯，一统天下，此主张正合孝公之意，孝公很高兴，就决心推行霸道。

在生存竞争激烈、现实非常残酷的时代，诸王需要快速、便捷、可操作的治国方略。而儒家的"世而后仁""善人教民七年，亦可以即戎矣"实在太漫长。先不说儒家空泛的道德说教管不管用，光是漫长的教化就让诸侯等不及，说不定还没教化上几年，就被其他诸侯吞并了。

孔子、孟子为什么不懂变通，明知行不通、没人用，却还不改初衷，到处推销王道？为什么不能像商鞅一样适应市场？他们为什么不改变一下呢？

清末学者谭嗣同大骂荀子："两千年来之政，秦政也，皆大盗也，两千年来之学，荀学也，皆乡愿也；惟大盗利用乡愿，惟乡愿媚大盗。"

意思就是说封建社会两千年的政治体系，都和秦朝政治体系一样是大盗政体；两千年所遵循的学术体系，是荀子学说，都是乡巴佬的愿景罢了；只有大盗政体利用乡愿学说，也只有乡愿学说甘于为大盗政体服务！

孔子也不喜欢乡愿，大骂道："乡愿，德之贼也！"

什么是乡愿？就是乡巴佬的愿望。乡巴佬看似忠厚老实，实际没有一点道德原则。有奶便是娘，谁给好处就跟谁走，谁给甜头就支持谁。言行不一，当面一套、背后一套，到处讨好，这种八面玲珑没有一点道德原则，君主需要什么，就兜售什么，只知道媚俗趋时的人就是乡巴佬。

孔子是很想当官，但他坚持仁与礼，他是不会为了当官而放弃自己的主张，所以他感觉自己没有乡愿，不放弃理想，不为名利改变原则，孟子也说他愿意舍生取义。

那么荀子究竟是乡愿者还是识时务者？荀子究竟是集大成者还是迎合君王者？

荀子生活的时代和孔子、孟子不同，他生活在战国末期，他到过秦国，看到了秦国的强大，对秦国政治予以肯定。但他说："秦国四位国君很有作为，秦国的强盛是必然的，而不是运气。"但他同时又对秦国重视刑法吏治，轻视仁德儒士君子的方略不以为然。

荀子认为，秦国更多的是借助于暴力手段，用武力征服他国，而缺乏儒家素来所倡导的义和德。如果秦国继续坚持这种寡恩少义的强力政策，或许能赢得国家统一，但要巩固国家统一恐怕很难。

荀子说的不无道理。他即便是嘴上说看不上法家，把秦国强大归功于秦国国君的励精图治，但实际上他应该是无比钦佩商鞅的变法。因为荀子的学说主要就是发展了孔子仁和礼中的"礼"，并把它和"法"结合在一起，又汲取先秦诸子的合理成分，提出了新的哲学思想。

荀子广泛吸收了先秦诸子的先进思想，是先秦思想的集大成者。

荀子集成了各类思想，那为什么还说荀子是儒家呢？

其实荀子不应该叫儒家。荀子有点像西方哲学中的康德。在理性主义和经验主义长期争论不休的时代，以笛卡尔为代表的理性主义者说知识是人计算推理出来的，以牛顿、休谟等为代表的经验主义者说人的知识是观察实际总结出来的。康德集成了理性主义与经验主义，糅合了两者的对立，说人的知识是通过计算推理与经验总结共同作用获取的。康德的哲学既不叫理性主义哲学，也不经验主义哲学，而是叫批判（分析）主义哲学。

康德面对的是科学知识获取上的争论。荀子面对的是治理国家的争论，究竟是儒家的德治好，还是法家的法治好？究竟是"法先王"，还是"法后王"？究竟是义重要，还是利重要？荀子时代百家争论不休，比较突出的是法家和儒家的争锋。

荀子糅合了儒法思想，提出了义利并重，王霸兼施，礼法兼尊。实际上也是消融了儒家和法家的对立，认可了儒法共同作用的力量，比单纯的法家、儒家更强大。

事实上荀子不能归入儒家，但由于荀子的表述中，对各家都有所批评，尤其对法家是持不屑态度，唯独推崇孔子的思想，认为孔子的仁礼是最好的治国理念，所以很多人就把荀子归入儒家。

嗯，这样来说，荀子的弟子韩非、李斯是法家就不难理解了，也难怪一些儒家不认可荀子。

孔孟的主张不受人欢迎，荀子把儒学改造，融合了法家的思想，让它更能适应政治需求，探索出了儒学与政治的契合点，从此儒学不再是空谈，能够实践，而且比单纯的法家更有生命力。从而使得儒学在秦后汉儒那里发扬光大，获得独尊之位，进而成为两千年来封建统治的意识形态与指导思想。

☯ 性恶

孟子认为性善，荀子认为性恶。荀子说人性就是人的自然本性，是所谓"生之所以然者"。他认为人好色、好名、好权、好利、好欲望满足，孔子光凭道德说教就能约束人吗？孟子说要顺应人心，可是人心如果不是仁、义、礼、智，而是豪宅、良田、女色、名利的贪婪，请问如何顺应？

荀子认为人的这种天然本性的对物质生活的欲求是和道德礼仪规范相冲突的。他认为人性"生而有好利焉""生而有疾恶焉""生而有耳目之欲，有好色焉"，如果"从人之性，顺人之情，必出于争夺，合于犯纷乱理而归于暴"。所以说人性是"恶"，而不是"善"。

人天然禀赋的性情是恶的，如果顺应它的发展，必将引起人与人的争夺、残杀，导致社会的混乱，这就是性恶论。

那荀子有什么解决性恶的好办法呢？

☯ 化性起伪，重法隆礼

《荀子·性恶》："故圣人化性而起伪，伪起而生礼义，礼义生而制法度。"

何为化性起伪？

伪就是人为，不是天生就有的，而是出生后人为养成的东西。化性起伪就是要变化先天的本性，兴起后天的人为，用礼、法来改造人类的先天的恶性。

荀子提出"人之性恶，其善者伪也"，他认为凡是没有被教养过的人是不会为善的，荀子的人性论虽然与孟子的完全相反，可是他也同意，人人都能成为圣人。

荀子以为，"尧舜之与桀跖，其性一也，君子之与小人，其性一也"，就人的先天本性而言，都是恶，后天的贤愚不肖的差别是由于"注错习俗之所积耳"。

后天的环境和经验对人性的改造起着决定性的作用。通过后天的"其礼义，制法度"，转化人的恶性，则"涂之人可以为禹"。

荀子认为人性本恶，生而好利、疾恶、纵欲，需要后天文明的熏陶、感化，于是产生了礼仪、法度。荀子主张礼仪和法度并重，提出重法隆礼。

荀子发展了孔子"礼仁"中的"礼"，肯定"礼"的作用。圣人治礼作乐，将社会分为上下有序的等级，以解决伦理的纷乱和物欲的争斗；诗、书、礼、乐等对人进行塑造，使人具有崇高的精神境界，"无伪则性不能自美。"

荀子憎恶乱世的黑暗政治。他看到亡国昏君接连不断地出现，常常被装神弄鬼的巫祝所迷惑，信奉求神赐福去灾，被庸俗鄙陋的儒生拘泥于琐碎礼节，沉溺酒色，欺压百姓，败坏风俗。

荀子看来，这些昏君根本不知道什么仁义礼智，完全仰仗于君子大发"仁心"，完全靠"礼制"，根本行不通！

要结合法度来惩戒未来、减少犯罪、进行教化。

荀子推究儒家、墨家、法家、道家等活动的成功和失败，提出了"性恶"和"重法隆礼"，是与其他儒者的重要不同点，其他儒者无论如何都要强调以德为主。

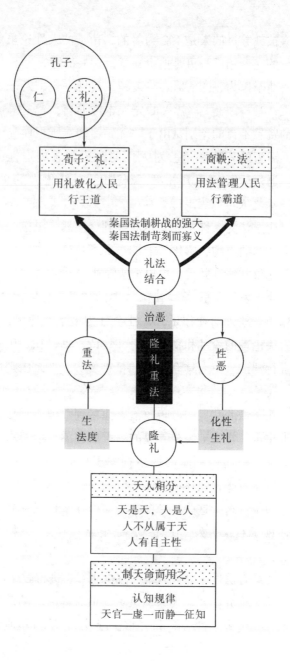

礼法并举，王霸统一

荀子糅合了礼法、王霸。

荀子说，"隆礼尊贤而王，重法爱民而霸"。

法是通过赏罚来维护社会秩序，只讲法治，不讲礼治，百姓只是畏惧刑罚，一有机会仍会作乱。荀子把"法治"称为"暴察之威"，"礼治"称作"道德之威"。法治至其极也不过为"霸"，而不能成"王"。

如果以礼义为本，则法治就可以更好地发挥作用了，"故礼及身而行修，义及国而政明，能以礼挟而贵名白，天下愿，会行禁止，王者之事毕矣"。礼义是立法的精神，如果人们爱好礼义，其行为就会自然合法，甚至不用刑罚，百姓也能自然为善。荀子的礼法兼施、王霸统一，协调了礼法、王霸之争，开创了汉代儒法合流的先河。

天人相分

有的人经过各种努力，经过各种磨难，理想还是无法实现，上天似乎专治各种不服，人力无论怎样都无法胜出，直到快要老死还是无法改变。这就是天命吗？

荀子根本不赞同孟子的天人合一、天命最高。

孔子说的天命，不过是兜售不合时宜、没用的主张，都什么年代了，还推崇周文王的治国策略，难道不该被淘汰吗？

国家的治乱吉凶，还不是人搞的，怪怨天有什么意义吗？要怪就怪孔子自己，抱着不切实际的理想，反而怪到天的头上来，可真是会狡辩。

很多人把自己不够努力、方法不对、条件不适宜、时机不成熟的失败都归罪于命运，不觉得羞耻吗？那是你自己不会把握，关命运什么事。

荀子提出了天人相分：天是天，你是你，世界那么大，小小的你怎么就能和天挂上关系，未免想太多；而大大的天，也不是为人类单独而设，天怎么就成了道德的代表呢？

自然界和人类各有自己的规律和职能。天道不能干预人道，天归天，人归人，故言天人相分不言合。治乱吉凶，在人而不在天。并且天人各有不同的职能，"天能生物，不能辨物，地能载人，不能治人""天有其时，地有其才，人有其治"。

不要怨天尤人，不要相信天命最高！

荀子认为，天是自然现象，根本不是孟子所说的仁义道德。"列星随旋，日月递炤，四时代御，阴阳大化，风雨博施"。这些都是自然而然的，和人没有任何关系，没有任何神秘的色彩。

天是无目的的，根本没什么天意，天自然地生长，"不为而成，不求而得"。天是客观存在的，有自己运行的客观规律，不以人的主观意志为转移，"天行有常，不为尧存，不为桀亡""天不为人之恶寒也，辍冬；地不为人之恶辽远也，辍广"。

荀子提出"明于天人之分"的观点，把天与人严格区分开来。

☯ 制天命而用之

孟子把天看成人道，认为天就是人类的道德和正义。

荀子却把天看成是世界运行的客观规律，提出天人相分：天有客观规律的，人有主观能动性的，人可以利用自然规律改造自然。荀子提出了"制天命而用之"的思想，这是非常了不起的哲学思想，对当时君王贵族所推崇的天命主宰一切的宿命论提出了有力的批判。

在荀子看来，与其迷信天的权威，去思慕它、歌颂它、顺应它，等待"天"的安排，不如利用自然规律为人服务。荀子说，"敬其在己者"，而不要"慕其在天者"，甚至以对天的态度作为君子、小人之分的标准。强调人在自然面前的主观能动性，主张"治天命""裁万物""骋能而化之"的思想，认识天道就是为了能够支配天道而宰制自然世界。

☯ 如何制天命

孟子认为天就是道德和正义的代表；荀子认为天就是客观规律。那么我们应该如何制天命而用之，如何认识客观规律呢？

荀子把认识规律叫作解蔽，意思是解除蒙蔽。

荀子和西方哲学家康德有很多相似处，一个是礼法、义利、王霸的集大成者，一个是理性主义与经验主义的集大成者。

他们在研究方法上也十分相似。康德提出了归纳法和演绎法结合使用获取知识。荀子提出了"天官薄类"和"心有征知"来认识事物。

"天官薄类"是什么？"心有征知"也没听说过？感觉好复杂！

天官就是天生的感官，指眼、耳、口、鼻、舌、身等。薄：通"薄""迫"，迫近、接近。类：同类的事物。

"心有征知"中的"心"指人的思维器官，西方哲学中叫作"心灵""理性"，其功能为"征知"。"征知"就是对感觉（西方哲学叫经验）进行分析、辨析和验证，形成概念、判断和知识。也就是说通过天生的感觉器官感知事物，获取经验，然后通过"心灵"分析获取知识。

这实在是伟大的创举，先秦时期就能提出这样的认识论，真的很了不起！

荀子比西方哲学家康德更为厉害的是，他还提出了"虚壹而静"解除蒙蔽的方法！

康德认为人类通过感官和心灵就能分析事物，获取知识了。但荀子认为这还不够，感官和心灵人人都有，但不是人人都能获取正确的知识。为什么呢？因为人事社会远比自然科学复杂，西方哲学家研究自然科学往往都能得到统一的答案，同一道数学题，只有唯一的标准答案，所以只要按照同样的方法，不管是谁，都会计算出正确的结果，没有争议。

但人事社会不同，小到一个家庭的争吵，都很难说清楚谁对谁错。正所谓"清官难断家务事"，说明人事社会不是解数学题那么简单。大到国家的管理就更复杂，公说公有理婆说婆有理，百家争鸣意见都不一致，个个说的都头头是道，到底采纳谁的治国方略？

荀子说，大凡人的毛病，是被事物的某一个局部所蒙蔽而不明白全局的大道理。人们在偏见与大道理两者之间拿不定主意就会疑惑。但是天下不会有两种对立的正确原则，必须明辨是非。

现在诸侯各国的政治措施不同，各个学派的学说不同，那么必定是有的对、有的错，有的能导致安定、有的会造成混乱。昏君也好，无知学者也罢，这些人没有不想治理好国家的，只是由于他们对正确的原则既嫉妒又带有偏见，因而别人就能根据他们的爱好去引诱他们误入歧途。

他们偏爱自己平时积累的知识经验与学识，害怕听到对自己学识的非议。他们凭自己所偏爱的学识去观察与自己不同的学说，只怕听到对异己学说的赞美。因此，他们与正确的治理原则背道而驰却还自以为是，还不勒马改正。

那么，哪些东西会使人造成蒙蔽呢？

欲望会造成蒙蔽，憎恶也会造成蒙蔽；只看到开始会造成蒙蔽，只看到终了也会造成蒙蔽；只看到远处会造成蒙蔽，只看到近处也会造成蒙蔽；知识广博会造成蒙蔽，知识浅陋也会造成蒙蔽；只了解古代会造成蒙蔽，只知道现在也会造成蒙蔽。大凡事物有不同对立面的，无不会交互造成蒙蔽，这是人的心理或思想方法上一个普遍的祸害。

心能同时兼知两物，你同时看到正反两个对立面，并且能做到使两物、两个对立面不互相妨碍以影响认识，就谓之"壹"。不以混乱的思想淆乱正常的认识就是"静"。"虚壹而静"就是要在认识中排除干扰、精力专一、发挥思维的能动性，这样的心理状态荀子叫

"大清明"，认为这是认识的最高状态。

墨子蒙蔽于只重实用而不知文饰，宋子蒙蔽于只见人有寡欲的一面而不知人有贪婪的一面，慎子蒙蔽于只求法治而不知任用贤人，申子蒙蔽于只知权势的作用而不知才智的作用，惠子蒙蔽于只知名辩而不知实际，庄子蒙蔽于只知自然的作用而不知人的力量。所以，如果只从实用的角度来谈道，那人们就全都去追求功利了；只从欲望的角度来谈道，那人们就全都去满足欲望了；只从法治的角度来谈道，那人们就只知道法律条文了；只从权势的角度来谈道，那人们就只知道权势的便利了；只从名辩的角度来谈道，那人们就只会谈些不切实际的理论了；只从自然的角度来谈道，那人们就知道听天由命了。

那些一知半解、认识片面的人，只看到道的一个方面而没有能够真正认识它，所以把这一个方面当作为完整的道而研究它，于是对内扰乱了自己学派的思想，对外就迷惑了别人，上被臣民所蒙蔽，下被君主所蒙蔽，这就是蒙蔽的祸害。

又如，现代的学科越来越割裂，特别是人文学科。经济学成为现代社会的主流，无论做什么都只考虑经济效益，只要收益大于成本就去干。

那如何做到"虚壹而静"？

荀子提出虚心、专心和静心。心从来没有不储藏信息的时候，但却有所谓虚；心从来没有不彼此兼顾的时候，但却有所谓专；心从来没有不活动的时候，但却有所谓静。所谓虚，不让已经储藏在心中的见识去妨害将要接受的知识就叫作虚心。心生来就有智能，有了智能就能区别不同的事物；区别不同的事物，也就是同时了解它们；同时了解它们，也就是彼此兼顾。但是有所谓专，不让那一种事物来妨害对这一种事物的认识就叫作专心。人睡着了心就会做梦，懈怠的时候就会擅自驰骋想象，使用它的时候就会思考谋划，所以心从来没有不活动的时候。但是有所谓静，不让梦幻和繁杂的胡思乱想扰乱了智慧就叫作静心。

荀子提出了非常棒的认识论，拿到现在也毫不逊色。

荀子认为只有孔子仁德明智而且认识上没有片面性又不被蒙蔽，所以孔子多方学习，全面掌握了治乱之术，足以用来辅助古代圣王的政治原则。只有孔子掌握了周备全面的道，推崇并运用它，而不被成见旧习所蒙蔽。所以他的德行与周公相等同，名声和三代开国之王相并列，这就是不被蒙蔽的好事。

荀子和康德的不同在于，康德批判哲学研究真（科学）、善（道德）、美（美学），而荀子更多关注人事社会的研究，并未把现代所讲的科学技术放在首位。

荀子说："有了智慧却不是用来考虑圣王之道，就是畏怯；有了勇力却不用来维护这圣王之道，就叫贼害；观察问题仔细周详却不用来分析圣王之道，那就叫作篡逆；很有才能却不用来学习研究并发扬光大圣王之道，那就叫作巧诈；能说会道口齿伶俐却不用来宣传这圣王之道，那就叫作费话。"

他把圣王的法度作为分辨是非、整治曲直的标准。认为那种不分辨是非、不整治曲直、不辨别治乱、不整治人类社会道德规范的学说，即使精通它，对人也没有什么裨益，即使不能掌握它，对人也没有什么损害。

那些钻研奇谈怪论，玩弄怪僻词句的人，只能用来互相扰乱罢了。他们强行钳制别人且能说会道，厚着脸皮忍受着辱骂，不守正道且恣肆放荡，胡乱诡辩且唯利是图，不喜欢谦让，不尊重礼节，而且喜欢互相排挤，这是混乱的社会中奸诈之人的学说。

分析言辞而自以为明察，空谈名物而自以为善于辨别，君子鄙视这种人。见识广而记忆力强，但不符合圣王的法度，君子鄙视这种人。

长期以来，儒家非常重视颂扬和学习圣贤，对逻辑、辩论、技术等反而不是很重视。儒家成为正统思想后，科学和技术没有被提上重要的地位，因此科技从明朝开始就慢慢落后于西方。

☯ 圣人是谁

诸子都在讲圣人说……，圣人怎么样……，是故圣人……。到处都提到圣人，究竟圣人是谁啊？

孔子、孟子所讲的圣人，就是先王，先王一般指周文王、周武王、周公，宽泛一点也包括尧、舜、禹，后来儒家把孔子也称为圣人。儒家提倡法先王，就是效法这些先王的治国方式。充分发挥人的"性善论"，人们通过内省就可以保持善性，克己复礼、推己及人。所以只要"道德教化"，只要遵从先王留下的礼制就可以成就一个完美的社会。

荀子从"性恶论"出发，认为必需要义利并重、王霸兼施、礼法兼尊才能化性起伪，改造人类先天的恶性，实现社会的美好。

而义利并重、王霸兼施、礼法兼尊是儒家崇拜的先王所没有实现的，荀子期待后面的君王能够实现，所以荀子认为的圣人，是能够重法隆礼的后王，故荀子主张法后王。

先王就是指文王、武王、周公，那么荀子效法的后王是谁呢？

"后王"是荀子理想中的圣人，他能够综合义利、王霸、礼法来治理国家，他建议君王法效后王，就是希望君王能够义利并重、王霸兼施、礼法兼尊。

荀子之前的儒家理想化的主张完全无法实现，荀子将儒学进一步发扬光大，把儒家的社会理想、仁礼精神注入了法家的活力，使儒学一遇到汉代的稳定之世，便迅速地走向了政治，走向了独尊，成为两千年封建统治的核心思想，并深深地植根到中华民族的人生观与价值观中。

一定程度上，荀子的法后王挽救了儒家。清初著名学者阎若璩说"尝谓三代以下之天下，非孟子治之，乃荀卿治之"。

关于天命

命运实在是很神奇的东西。

古今中外都有命运的说法，命运究竟有还是没有，一直在争论。

如果按照康德的哲学，命运是经验之外的东西，经验之外就是人感觉不到的。命运和上帝、鬼神之类一样，既不能证明命运的存在，也不能证明命运的不存在。

反观中国历史，维护既得利益的保守派往往会鼓吹天命观，认为现在享有的就是上天安排的，乃是天意。

　　秦始皇一统天下后，对邹衍阴阳学派的五德始终学说加以改造，用天命学说巩固皇权为天和尊君思想，假借一种超社会与超自然的力量，使皇帝的权威更为神化，表明他自己是受命于天的"真命天子"，是"君权神授"，他所有的政治措施也都是出于天意的。

　　西汉董仲舒尤其主张君权神授的"天人感应"理论。他继承和发展了先秦儒家的天命论，并吸取了阴阳五行学说，认为天是有意志的至高无上的神，是自然界和人类社会的创造者和最高主宰。自然界的变化和人类社会的兴衰治乱，都是天的意志所决定的；并认为皇帝是天的儿子，所以叫作天子。皇帝受命于天，体现天的统治权力，君权神圣不可侵犯。后世的很多皇帝也喜欢把出生描述为天垂异象、君临天下。

　　而期望打破既得利益的改革派往往喜欢讲能动性，不相信命运。

　　早在西周初年"重民轻天"的思想已经产生。到春秋时代，这种思想进一步得到发展。季梁就说："夫民，神之主也。"

　　《左传·庄公三十二年》："史嚚曰：'虢其亡乎！吾闻之：'国将兴，听于民；将亡，听于神。'"国家将要兴起时，事事听从人民的意愿；国家将要灭亡时，事事听从神的指使。听从人意还是听从神意，是国家兴亡的标志。

　　陈胜、吴广起义，他们提出了："壮士不死即已，死即举大名耳，王侯将相宁有种乎？"

　　汉代王充说："人不晓天所为，天安能知人所行。气若云烟，安能听人辞？"王充还指出"符瑞说"所宣扬的"圣王之德，能致凤凰麒麟，天下太平"的说法，是非常荒谬的。他认为，"鸟兽之知，不与人通，何以能知国有道与无道"。揭露了神学家们所宣扬的帝王受命之符，不过是"儒家盛称凤凰之德，欲以表明王者之治"。

☯ 先秦儒学的评价

先秦哲学百花齐放，有好看的，有难看的；百家争鸣，有好听的，有难听的。

好听的未必好用，义正词严的未必真实，一些学派喜欢讲漂亮话，看起来很高大上，听起来热血沸腾，但都是毫无实践价值与意义的假话、大话、空话。

难听的也未必卑鄙，他说出了人真实的本性，让人看清楚真切的现实。

无论如何，先秦哲学是自由的，理论是竞争的。

谁说的有道理就听谁的，大家可以选择信，也可以选择不信。

秦以后的儒学，被统治者利用，成了维护统治的工具，让人必须学习、必须相信，失去了学术的自由。

但是，当现代人剥离掉儒学封建时代的外衣，就会看到辉煌的中国哲学！

第八章

董仲舒经学：天人感应

董仲舒

☯ 什么是经学

春秋战国早期，孔子和他的弟子主要讨论"礼"，如吉礼、凶礼、军礼、宾礼、嘉礼的具体做法，并认为"仁"是"礼"的内核。

春秋战国中期，孟子创立了"义"，深化了孔子的"仁"，提出"仁义之道"。

春秋战国末期，荀子糅合了儒家与法家思想，把孔子的"礼"与法家的"法"融合，提出了"礼法之道"。

孔子、孟子、荀子……都尊守称为"子"，所以先秦时期的儒家学说就叫作儒家子学。

春秋战国时期，百家争鸣，各个学派是平等、自由的竞争关系，都是用独特的思想来阐述自己的观点。

到了汉朝，汉武帝"罢黜百家，独尊儒术"。这时候儒家不再像春秋时期一样大开大合，不能再提出创新的哲学观点。

汉代的儒生只能对孔子整理编撰的《诗经》《尚书》《礼记》《周易》《春秋》五经（《乐经》在秦失传）进行整理、辨析和注解，失去了创造力、质疑力和活力。他们只能去背诵、记忆、相信、肯定和解读，一定程度上把儒家变成了宗教——儒教。

经书就是宗教中的教义，是记录思想、道德、行为等标准的书，汉朝把五经奉为经典，不容置疑，只能感悟与解读，所以汉代这一时期的儒学就叫作经学，主要就是学习五经。

这样说来，汉朝的儒家和先秦的儒家在名称上一致，但本质上差很多了？

汉儒皓首穷经，都是名义上的儒家，大多数已经丢弃了先秦儒家的宗旨，只贪图功名利禄。自汉武帝以后，政坛官位多是被这些平庸的儒生所占据。

🌓 大一统的需求

秦始皇统一六国后，就想方设法促使"天下无异意"，秦始皇焚烧诗书，"收去诗书百家之语以愚百姓，使天下无以古非今"；坑杀儒生，用强力让这些读书人闭嘴，但结果是招致了更大的不满。

秦王朝焚毁了儒生们的书籍学业，与儒生积下了仇怨，迫使他们投奔各路起义来发泄满腔的愤懑，秦帝国骤然土崩瓦解。

汉朝建立后，儒生们重新获得研究经学的机会，一些会制定礼仪的儒生弟子们，被朝廷选拔为官员，于是人们又开始对儒学产生了兴趣，趋之若鹜。

但是，当时天下战乱尚未止息，刘邦忙于平定四海，还无暇顾及兴办儒学。孝惠帝、吕后当政时，公卿大臣都是武艺高强、战功卓著的人。孝文帝喜欢法家的刑名学说，所以很少起用儒生为官。

孝景帝当政时根本不用儒生，而且窦太后又喜好道家思想，因此儒生也不受待见。

总的来说，汉初民生凋敝、百废待兴，经过常年战争已经像一条烂鱼，再经不起折腾。于是汉初实行黄老之学（黄帝和老子的道家思想）——无为而治。汉朝经济发展很快，出现了文景盛世。

汉景帝时期发生了七国之乱，地方诸侯与中央皇权之间爆发冲突，极大地影响到了中央集权，统一的国家面临着分裂的危险。如何巩固集中统一的政权，防止分裂割据的局面出现，成为皇帝头疼的问题。

汉武帝时，汉朝政治、经济、军事基础已经十分强大，汉武帝嗜好专权，根本不喜欢主张清静、无为、保守的道家学说，他想要找到一个更积极、更集权，使帝国更加巩固的官方哲学。

有需求就有供给，董仲舒建构的新的宏大儒学体系闪亮登场了！

思想的大一统——独尊儒术

汉武帝即位后，找来最有学问的董仲舒问了三个问题：巩固统治的道理、治理国家的方法、天人感应的问题。就是所谓的"天人三策"。

董仲舒说："春秋大一统者，天地之常经，古今之通谊。今师异道，人异论，百家殊方，指意不同，是以上亡以持一统，法制数变，下不知所守。臣愚以为，诸不在六艺之科，孔子之术者，皆绝其道，勿使并进。邪僻之说灭息，然后统纪可一而法度可明，民之所从矣。"

董仲舒从儒学经传《公羊春秋》中找出大一统的理由，说明《春秋》所主张的大一统，是天地的常理，是适合古今任何时代的道理。

董仲舒还真敢说，张口就来："'大一统'是宇宙间最一般的法则，任何王朝都要遵循。"

那如何做到大一统呢？

虽然汉初政治上统一了，但人心思变，还不稳固。汉初统治者在思想上奉行无为而治，对各种学术思想采取宽容放任的政策，汉初的百家争鸣使得社会上各种学术思潮极其活跃，鱼龙混杂，泥沙俱下，有的思想甚至蛊惑人心。

统一思想就成了大一统的关键，用思想统一来巩固政治统一，百姓就知道该遵循什么、该做什么，这样才能长治久安。

统一到哪种思想呢？

董仲舒说要用孔子的儒学统一天下的思想。

汉武帝很高兴，采纳了董仲舒思想大一统的建议，施行了"罢黜百家，独尊儒术"的政策，将儒学作为正统思想，将儒学树立为思想界的权威。因此，汉代儒学就变成了官方的经学。

汉代在全国各地选拔学识渊博、精通《诗经》《尚书》《礼记》《周易》《春秋》的儒生，设立博士官衔，专门研究和教授五经，借助五经博士的官职来兴盛儒学，使民间都崇尚教化，来开拓培养贤才的道路。董仲舒在汉景帝时就是担任博士官职，讲授《公羊春秋》。

国家从百姓中挑选十八岁以上仪表端正的人，补充为博士弟子。推荐喜好经学、尊敬长上、严守政教、友爱乡邻、出入言行皆不违背所学教诲的人，让他们和博士弟子接受相同的教育，学满一年后考试，能够精通一种经书以上的人，补充为文学掌故的缺官；其中成绩好、名次高的可以任用为郎中；若是特别优异出众的，可直接将其姓名向上呈报。

汉代立五经博士，明经取士，形成学习经学的热潮。董仲舒因把儒学确立为官方哲学有功，因此被视为"儒者宗"。

☯ 思想源泉：《易经》与《春秋》

董仲舒的理论有什么根据呢？是怎么推理出来的？

董仲舒提出的天人感应用《易经》的阴阳和五行推理出来，虽然感觉牵强附会，但似乎有一定道理。那天人感应到底存不存在、正不正确，谁又能知道呢。又怎么验证呢？

董仲舒用《易经》中的"天人之学"（天和人的关系）推导出天人感应，用《公羊春秋》的"微言大义"进行归纳验证。

《春秋》到底是什么啊？一会是《春秋》，一会又是《公羊春秋》，还有说《春秋公羊传》《左氏春秋》《左传》，是不是有些昏头转向！

《春秋》就是历史书。先秦时代各国都会记录历史事件，到后来其他国家记载的历史都遗失了，只有鲁国的历史记载流传下来。《春秋》就专指鲁国记载的历史，它记载了从鲁隐公元年（公元前722年）到鲁哀公十四年（公元前481年）的历史，是中国现存最早的编年体史书。

孔子对鲁国《春秋》进行了整理和修订，赋予"微言大义"，使其成为儒家的重要经典。

微言大义就是含蓄微妙的言语包含着精深切要的义理。

鲁国《春秋》写作极其简练，事件记载非常简略，但242年间诸侯攻伐、盟会、篡弑、祭祀、灾异及礼俗等，都有记载。

因文字过于简质，后人不易理解，所以有人专门写书来解释《春秋》。

现在来看，有的解释历史喜欢用结合历史史料与事实；有的人喜欢用民心向背来解释民心大失，国家危亡；有的人喜欢从经济角度解释经济发展滞缓，社会不满；有的从自然灾害角度解释历史变迁……

就是说，对于同样一段历史，可以从不同角度对其解释。

人们对《春秋》的解释和说明（称为《传》）也是不同的，左丘明《春秋左氏传》、公羊高《春秋公羊传》、谷梁喜《春秋谷梁传》是解释《春秋》的代表，合称《春秋三传》。

左丘明主要从历史事实方面解释《春秋》，说明《春秋》的书法、补充《春秋》的经文、订正《春秋》的记事错误，形成了《春秋左氏传》，简称《左传》。

公羊高作《春秋公羊传》，谷梁喜作《春秋谷梁传》，两者都旨在解说《春秋》的"微言大义"，偏重说理，略于记事，大多是分析什么历史告诉人们什么道理，历史和文学价值不高。

董仲舒精通《春秋公羊传》，担任过汉代春秋公羊学的博士。董仲舒认为"《春秋》正是非，故长于治人"。

董仲舒熟读《春秋公羊传》，他分析这些历史时隐约感觉有种"天人感应"的关系在里面，相当于现在归纳法，用很多历史事实总结道理；董仲舒又用《易经》的阴阳五行规律推导出天人感应理论，这相当于现在的演绎法，然后再用《春秋公羊传》里面的历史事实去验证"天人感应"。董仲舒能在当时众多的经师中胜出，还是有相当的说服力。

　　董仲舒实际上是把《易经》的阴阳五行学说和儒家学说融合起来，实现了"天人感应"的理论创新。

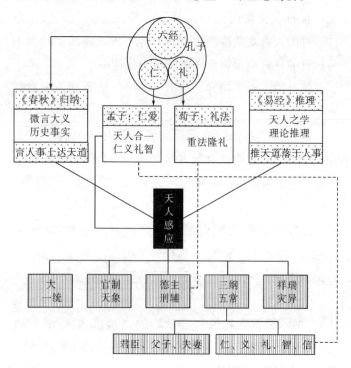

☯ 天人感应

　　董仲舒的最大哲学创新就是"天人感应"。

　　孔子讲"天命"，孟子讲"天人合一"，荀子讲"天人相分"。

　　董仲舒在孟子"天人合一"的基础上，创新提出"天人感应"学说，就是说"天道"和"人道"，及"自然"和"人为"是合一的。

　　关于天道和人道是否合一，中西方哲学中也一直争论不休。

自然规律是否和人事社会规律一样？

简单来说，数、理、化等科学，在世界各国是相同的，宇宙有统一的规律。

那么人事社会的管理是否全部也是相同的，世界各国有同样适用的管理模式吗？有同样的道德伦理吗？能否像数学、物理公式一样计算和分析人类社会的行为？计算出一个具体的数值，像考试成绩一样，知道某个人的行为多少分，某个地区、国家的行为多少分，从而改进不断提高分值。

西方经验主义者休谟和自由主义者萨特甚至连自然规律都一并否定，更不用说人事社会的规律。他们看来自然都是偶然的、随机的，根本没有任何规律可言。

中国哲学很早就在争论这个问题了，老子的道德经就是由上部道经（讲自然规律）和下部德经（讲人事社会）构成的。

那什么是天人感应呢？

董仲舒糅合阴阳五行学说，认为宇宙由木、火、土、金、水五种属性构成，这五种属性相生相克：木生火，火生土，土生金，金生水，水生木；水克火，火克金，金克木，木克土，土克水。

宇宙依五行被合理地安排，日月星辰、春夏秋冬、山河大地、鱼虫鸟兽皆依五行之性合理地运行生成，故人世间与自然界不应有灾异存在。如果人类不依五行之性合理地活动，五行相生相克的合理宇宙会因为五行失序处于一种不合理的荒谬状态，这样，日月星辰、春夏秋冬的运行就会失序，山河大地、鱼虫鸟兽的生成就会变态，即就会出现灾异现象。

董仲舒在《春秋繁露·治乱五行》中专门论述了灾异产生的原因是破坏了合理的五行关系："火干木，蛮虫早出，雷早行；土干木，胎夭卵毈，鸟虫多伤；金干木，有兵；水干木，春下霜。土干火，则多雷；金干火，革木夷；水干火，夏雹；木干火，则地动。金干土，则伤五谷，有殃；水干土，夏寒雨霜；木干土，倮虫不为；火干土，则大旱。水干金，则鱼不为；木干金，则草木再生；火干金，则草木秋荣；土干金，五谷不成。木干水，冬蛰不藏；土干水，则虫蛰冬出；火干水，则星坠；金干水，则冬大寒。"

董仲舒用五行说明了灾异产生的原因貌似有理，但还不足以说明天人感应。人的行为为什么会破坏五行（天）的秩序而导致灾异？

董仲舒提出"气"。天地宇宙唯气化而成，人生活在天地之间阴阳之气的包容中，就像鱼生活在水的包涵中一样，只是水有实物可见，而气化之宇宙浩浩然难见而已。因此，天地之间，宇宙之中，充满着气，由气化而成。

在由气化成的宇宙中，人之气与天地宇宙之气相互流通，相互渗入，因而人之气会影响到整个天地宇宙之气。如果人之气调和顺适，与天地宇宙之气相混合后，天地之化即美，祥瑞乃现；如果人之气邪乱乖谬，与天地宇宙之气相混合后，天地之序即乱，灾异乃出。

天人感应，就是交感相应，天和人相受对方影响而发生相应的变化，自然现象可以显示人世灾祥。人是宇宙一部分，所以天和人相通，相互感应，天能干预人事，人亦能感应上天。天子若违背了天意，不仁不义，天就会出现灾异进行谴责和警告；如果政通人和，天就会降下祥瑞以鼓励。

 元论

孔子心中的理想帝王就应握有一统天下的权威，所谓"礼乐征伐自天子出"。

《公羊传·隐公元年》正式提出"大一统"概念，"何言乎王正月，大一统也"。

董仲舒从《易传·彖》中"大哉乾元，万物资始，乃统天"，引出"元"的概念。

"臣谨案《春秋》谓一元之意，一者万物之所从始也，元者辞之所谓大也。谓一为元者，视大始而欲正本也。《春秋》深探其本，而反自贵者始。故为人君者，正心以正朝廷，正朝廷以正百官，正百官以正万民，正万民以正四方。"（《天人三策·第一策》）

"是故《春秋》之道，以元之深正天之端，以天之端正王之政，以王之政正诸侯之即位，以诸侯之即位正竟内之治，五者俱正而化大行。"（《春秋繁露·二端》。）

"唯圣人能属万物于一而系之元也。终不及本所从来而承之，不能遂其功。是以《春秋》变一谓之元，元犹原也，其义以随天地终始也。故人唯有终始也而生，不必应四时之变，故元者为万物之本，而人之元在焉。安在乎？乃在乎天地之前。"（《重政》）

元是"纯正""初始"的意思，要"以元正天"，所有东西要归一、归元。反映到人事社会，所有权力和资源都要归于皇帝，由帝王一人统治天下。

"道之大原出于天"，自然、人事同样出于天，因此反映天的政治秩序和政治思想都应该是统一的。

从此以后，大一统思想从此扎根于中国人心中。

☯ 官制象天

董仲舒娴熟地运用天文学和阴阳五行学说，根据天道四时的运行规律，演绎出为政的庆赏刑罚；从天象星宿的数目，推演出三公九卿、二十七大夫、八十一元士的官阶体制；通过天文中的青龙、白虎、朱雀、玄武四象，说明服制中剑、刀、钹、冠的位置的含义；经过对五行性质的类比，将官职与方位、职责等因素相互联系起来。

董仲舒通过大量的篇幅和严密的推理，制定了一套与天象相合的行政体制，内容极为宽泛，涉及官位、制服、职责、方位、官员数量，以及官员相互之间的伦理规范等相当丰富的内容，增强皇权专制合理性与神秘性。

☯ 三纲五常

董仲舒所提出的"三纲"就是"君为臣纲，父为子纲，夫为妻纲"，他将三纲提到了天道的高度："王道之三纲，可求于天。"他认为君臣、父子、夫妇是与阴阳、四时相应的。"天为君而覆露之，地为臣而持载之，阳为夫而生之，阴为妇而助之，春为父而生之，夏为子而养之，秋为死而棺之，冬为痛而丧之。"

董仲舒说："君臣、父子、夫妇之义，皆取诸阴阳之道。君为阳，臣为阴；父为阳，子为阴；夫为阳，妻为阴。"根据阴阳学说，阳为主导，阴顺于阳，可以推导出君对臣、父对子、夫对妇的领导关系。

董仲舒并将忠孝引入三纲，结合父子之间的生养关系，论证"孝"是天之经；根据天地之间云雨产生的道理，指出"地不敢有其功名，必上之于天""故下事上，如地事天也，可谓大忠矣"，论证"忠"是地之义。

董仲舒应用五行规律，把仁、义、礼、智、信与五行相比附，认为这些伦理是法于天地，恒常不变的，只要遵循五常之理，便可以合于天道，得到天的庇佑，鬼神的帮助。

"三纲"确立了人们相互之间的纵向关系，"五常"确立了人们相互之间的横向关系。"三纲""五常"纵横交叉，共同构成社会秩序的伦理规范。

由此来说明，仁义制度之数，全部取于天道。

☯ 德主刑辅

《易经》中，阳代表生长、开放、刚健不息，阴具有抑制、收敛、含藏蓄势的特征。冬至达到最冷，是阴之极，阴极生阳，阳气开始生出；到春季，阳气才由地下发展到地上，万物受到阳气的滋养，龙蛇惊蛰，枯枝吐秀，阳气主导，形成一片生机盎然的景象；夏至达到最热，是阳之极，阳极生阴，动植物的阳气已生发完全，动植物开始抑制生命活动，植物形成果实，阴气生发；到秋季，阴气已由地下上升到地表，植物枯萎，虫豸伏藏，阴气主导，一片收敛肃杀气象；到冬季，阴气又充斥天地间，萧条死寂，生机全无。阳气封藏，为最冷时，一阳初生蓄积能量，准备下一次轮回。

董仲舒把《易经》用阴阳认知万物的规律应用于人事社会："天地之常，一阴一阳；阳者天之德也，阴者天之刑也。"他认为通过德治教化是阳，刑罚肃杀是阴，"孤阳不生，孤阴不长"，德治与法治无法分离的。

董仲舒把德比作春，把刑比作秋，"春秋属阳，故行德政；秋冬属阴，故行刑罚"。没有春季，万物无以生长，若无秋时，万物会过度繁衍。正如阴阳不可或缺一样，阳虽为岁初，但要阴来成岁，阳虽生之，但须阴成之；阳虽养之，但须阴来藏之。国家治理也是如此，德治与刑罚不可偏废。

董仲舒将这一理论引申到司法实务当中：春天司法部门要疏通监狱，解除犯人的桎梏，停止狱讼和拷掠犯人；夏天为避免犯人发生疾病瘟疫，对轻罪的犯人要抓紧裁决和宽缓，对重犯人要放松管理，改善伙食，暂停审讯；秋冬之时，进行审讯和判决，凡断决死刑，都要在孟春十月进行；在四季土月，司法官员对司法活动进行总结，以配合土的特性。自此，汉代立春至秋分停止决囚，并建立起春季行赦，秋冬行刑的制度，并被后世历朝历代沿用。

董仲舒由阴阳的主次关系，盛衰的显隐妙用推及德刑，把德治放在显要的位置，把刑罚置于辅助的地位，这样才是与天道相合。

董仲舒强化了荀子重法隆礼的主张，从此以后，德主刑辅的思想被历代沿袭了下来。

☯ 天垂象

《易·系辞上》："天垂象，见吉凶，圣人象之；河出图，洛出书，圣人则之。"

天垂象就是自然示人的征象，是大自然在说话，它告诉人们一种征象，让人们见微知著。

董仲舒把《春秋》中所记载的自然现象，用来解释社会政治衰败的症结。人君为政应"法天"行"德政"和"为政而宜于民"；否则，天就会降下种种"灾异"以"谴告"人君。如果这时人君仍不知悔改，天就会使人君失去天下。

"天人感应"分析君王执政的上天垂象，主要有符应、祥瑞、灾异。

"符应"指的是受天命为王而出现的特殊象征。受命之符非人力所致，君权是天授、神受，说明皇权是天命的安排，体现君权的神圣性、支配性和合理性。

如王莽即位之前出现的"刘氏当灭、兴我王天""蒸蒸黄土、黄帝我祖、吊民伐罪、王莽即真"等说法。东汉黄巾起义时，北木河现石人"莫道石人一只眼，此物一出天下反！"

"祥瑞"与"灾异"表现在天通过与君王的感应，以祥瑞或灾异的形式体现天意对君主的赏善罚恶。董仲舒在《春秋繁露·王道》篇中提到，"王正，则元气和顺""王不正则上变天，贼气并见"。君王行为不轨，地震、山崩、洪水等自然灾害将接连而至。

正因此，董仲舒在回答汉武帝的《天人三策》第一策开篇就说："臣谨按《春秋》之中，视前世已行之事，以观天人相与，甚可畏也。国家将有失道之败，而天乃先出灾害以谴告之，不知自省，又出怪异以警惧之，尚不知变，而伤败乃至。以此见天心之仁爱人君而欲止其乱者。"

那有什么补救的方法呢?

董仲舒说:"五行变至,当救之以德,施之天下,则咎除。"意思是施行德政就可以补救。如木有变,表现为"春凋秋荣""繇役众,赋敛重,百姓贫穷叛去,道多饥人"。应当以"省繇役,薄赋敛,出仓谷,振困穷"的方法救济,其他五行出现的问题可依五行学说类推。

天灾面前君王也束手无策,百姓起义更是危及君王性命。董仲舒企图以"灾异""起义"来威吓君王,制约王权的无限膨胀,让君王实施德政。

但灾异威吓起到的作用有限。汉武帝建元六年,皇帝祭祖的地方发生了大火,董仲舒认为是上天垂象,他带病坚持起草了一份奏章,用天人感应理论说明火灾表示上天已经对汉武帝发怒。武帝看后大怒,差点将董仲舒斩首。此后,"仲舒遂不敢复言灾异"。

☯ 经学的评价

董仲舒结合儒家的《春秋公羊传》和《易经》的阴阳五行学说创新了儒学体系,对当时社会所提出的一系列哲学、政治、社会、历史问题,给予了较为系统的回答,成为汉代的官方统治哲学。

看完董仲舒的哲学,感觉怎么样?

董仲舒的儒家思想不就是为了迎合和维护了汉武帝的集权统治吗?

而且"罢黜百家,独尊儒术"限制了其他学术的发展、固化和束缚了人们的思想;明经取士,让大量青年才俊把精力投放在五经上,耗费年轻人的时光,抑制了社会蓬勃发展的创造力。

还有，用阴阳代表君臣、父子、夫妻，五行代表仁、义、礼、智、信，实在有一些牵强附会。

君权神授、三纲五常某种程度上也算是封建统治的帮凶。

的确是这样，董仲舒由于把阴阳五行引入儒学体系，后世学者对董仲舒天人感应思想充满质疑，很多人简单粗暴地将其斥之为神学迷信。

但是，任何一种思想都是不完美的，都有优点和不足。用封建和迷信全部否定董仲舒的哲学并不合适。

在民主的时代，董仲舒的哲学仍然有借鉴的意义。

从汉代开始，大一统的观念根植于中国人心中，无论世事如何变迁，对于国家的统一是毫无疑义的事情。

董仲舒主张实施德治，认为要缩小贫富差别，协调各种社会矛盾，限制私人占有土地的数额，限制豪强兼并土地，不允许官吏与百姓争抢利益，降低赋税，减少徭役，让人民休养生息，减少民力消耗，这些思想到现在也不落后。

至于天谴灾异，用现代的话来讲就是人与自然的和谐相处。如果施政不当，人类的行为就会对自然造成影响，甚至招致天灾人祸，这时就要反思人类行为和国家治理是否存在问题。

第九章

东汉纬学：以纬阐经

班固

☯ 纬学的形成

汉武帝时期儒学取得了独尊地位，发展成为经学。

董仲舒把《易经》的阴阳五行引入儒学，提出"天人感应"的宇宙观。他的"符瑞""灾异"等天垂象学说能对王权起到一定的威慑与限制作用。

自从汉武帝设立五经博士以来，儒家吃官禄供奉、开枝散叶，光是对一本经的阐释就到百万字，经师达数千人，机构臃肿。当时诸经分派分支太多，对经义的解释也各有差异。

汉儒大多是年轻的读书人，让他们死记硬背五经实在是很难的事情，他们有蓬勃的创造力想要发挥。他们仰慕"儒者宗"董仲舒，也学着研究天人感应。

但是"天谴灾异"这个东西说多了，就会引起皇帝反感。自然现象与灾害那么多，有时月食、有时日晕、有时地震、有时洪水、有时火灾，儒生就站出来说这是皇帝无道、不按照天意行事……这些事情讲得多了，皇帝就会产生厌恶的情绪。而那些散播天谴灾异的儒生甚至会因此招来杀身之祸。

后来汉儒们学聪明了，既要自己的学说受到重视，又要保证自己的人身安全，就不再以个人名义阐释符瑞和灾异。

那以谁的名义创立学说呢？

当然是假托孔子的名义啦！五经是不能更改的，汉儒想要创立自己的学说，只能通过解释经书的方式。于是他们把自己的观点写在解释经书的纬书里。

纬书里本来是儒生自己的观点，但往往他们会在前面加上一个"子曰"，然后在后面写自己的东西。

孔子很无辜：我从来没有说过这种东西，是儒生借我的名义在写自己的思想啦！

儒生们都学会了这一招，大家心照不宣，大量炮制纬书，把自己的思想写进去，前面加上"子曰"，美其名曰解释五经。当然其中也不乏一流的思想家与惊世的作品。

这个办法其实很好。如果当权者采纳了，大家都觉得他编写的纬书解释经书解释得好，其思想便广为流传；如果当权者厌恶，也怪不了他，因为这不是他说的，这是孔子说的，要找麻烦就去找孔子的麻烦！而孔子的麻烦是找不得的！

为什么？

孔子虽然是先秦时代一个在仕途上不得志的学者和私塾教师，但在汉代独尊儒学后被奉为孔圣人。纬书里面加入大量神话故事，让孔子摇身一变升级成儒家的通天教主。儒生们不仅将孔子神话，连皇帝也一同神话了。

这些儒生真是太聪明了，把皇帝夸成神仙，难怪皇帝喜欢纬学。

他们把孔子也神话，谁还敢找儒生的麻烦？

随着经师们之间的竞争越来越激烈，儒生们把易经、神话故事、预言、鬼神符谶等大量引进来解释五经，今文经学就逐渐转变为谶纬之学，在西汉末年开始流行。

今文经学五经？难道还有古文经学五经？

☯ 古文今文之争

古文经是指秦始皇统一中国以前的儒家经书。

秦始皇焚书时，六经、《诸子》等古文经书都被焚毁。

汉初的儒家经书是由老儒回忆、背诵、口耳相传的经文与解释，由儒家弟子用汉朝当时的隶书（当时的文字今文）记录下来。这些靠回忆、用汉朝当代隶书文字写作的经书就叫作今文经——《诗经》《尚书》《礼记》《周易》《春秋》五经，而《乐经》老儒们实在回忆不起来了。

董仲舒讲授的就是今文经，然后当时汉朝独尊的、儒生们学习的都是这些今文经。

当时今文经本来用得好好的，可是古文经又回来了，怎么办？

原来，始皇焚书期间，民间儒生冒死将一些古文经书埋藏起来，至汉代前期，相继被发现。

这种情况就像是一个女人的丈夫好多年没出现，这个女人便找了另外一个男人且生儿育女，然而多年未见的丈夫却突然又出现了，这是多么尴尬的境地啊。

慢慢地，古文经与今文经的竞争就越来越激烈了。

今文儒家说："我们是国家认定的官方哲学，是不可变更的！"

古文儒家说："今文儒学纯粹是现今儒生们臆造的，根本不符合儒家本意，古文经才是正宗的。"

今文儒家说："孔子有帝王之德而未居帝王之位，是真正的王——'素王'，他没有土地、没有子民，但只要人类历史文化存在，他的王位的权势就永远存在。"

今文儒生把孔子夸的和释迦牟尼一样，释迦牟尼被称为"空王"，他不需要臣民，不需要权力，而他的声望、权威永存。

古文儒家看来，孔子只不过是编撰整理过六经，并向弟子讲授经文的老师而已，今文儒家把他吹捧成神仙，这也太夸张了吧。

今文儒家最看重孔子的《春秋》，推崇《春秋公羊传》，注重阐发经文的"微言大义"，主张通经致用。

古文儒家说："孔子的《春秋》不过是记录历史罢了，今文儒家把历史书当思想品德和政治书来读，这不是欺骗老人吗？人家孔子'述而不作，信而好古'，根本就不提倡自创和更改经文，复古、按照原样才是正确的。"

古文儒家说："不要去胡乱阐发经文，那只是在假托孔子名义抒发今文儒生自己的观点罢了。真正研究五经，就是把这些难懂的古人的话用现代话准确翻译就好了。"古文儒家最看重周礼。

在教育学生时，今文经学按照由浅入深的顺序讲，将五经学习顺序定为《诗经》《尚书》《礼记》《周易》《春秋》；古文经学按照经书出现的时间先后的顺序讲，将五经顺序定为《周易》《尚书》《诗经》《礼记》《春秋》。

到东汉初年，今文经学与古文经学的门户之见日益加深，两派对儒家经典解说不一，大到观点不同，小到章句歧异，产生了激烈的争执。

当时，皇帝一定会支持今文经学发展来的谶纬之学，谶纬之学又是神话皇帝、又是挖掘出经书的大义来经世济民；而古文经学把五经当历史、当考古来研究，实用性不强。

汉光武帝刘秀于中元元年（56年），宣布图谶于天下，把谶纬之学正式确立为官方的统治思想。

为了巩固儒家思想的统治地位，汉章帝建初四年（79年），召集各地著名儒生于洛阳白虎观，章帝亲自主持讨论五经异同，这就是历史上有名的白虎观会议。

会后班固将讨论结果编写成一本会议记录《白虎通德论》（又称《白虎通义》），把今文经学与谶纬糅合一起，作为官方钦定的经典刊布于世。

这样，西汉"经学"就让位于东汉"纬学"，谶纬之学开始大红大紫起来。

到底什么是谶纬之学呢？

谶纬之学

谶就是预言。比如预言王朝要没落、预言哪个人要当皇帝。人们往往很喜欢预言，因为可以提前获取信息，从而趋利避害。预言哪里要发生灾祸，就可以提前逃离；预言哪里房价要涨、哪只股票要涨，就可以提前买入。

无论是预言、算命，还是现代的经济管理预测，想要预测准确都是十分困难的，但是人们还是对预言趋之若鹜。

谶语用来预测吉凶，通常会配一点图，就像大家熟悉的《推背图》一样，说点神秘的谶语，但又不说破，说什么天机不可泄露，因为说破了就会招来灾祸和迫害，然后为了形象和吸引人，再加点图。例如《推背图》第二象对大唐二十帝的预言：

谶曰：

累累硕果 莫明其数

一果一仁 即新即故

颂曰：

万物土中生

二九先成实

一统定中原

阴盛阳先竭

这些东西因为不能说清楚或者不愿意说清楚，往往带有很大的神秘性，但越神秘，人们越想看，所以这些东西一直流传下来。

儒生把谶引入儒学，极大增强了儒学的丰富性与吸引力。儒生们有东西可研究了，老百姓也读得津津有味。

谶是预言，纬是相对于经而言的，如织布之竖线是经，横线是纬，"七纬"就是"七经"之纬。

汉代只有《诗经》《尚书》《礼记》《周易》《春秋》五经，因为汉代崇尚"孝"，所以一并为《孝经》和《乐经》也制作了纬书，这样即形成了"七纬"：

《诗纬》《书纬》《礼纬》《易纬》《春秋纬》《孝经纬》
《乐纬》，也叫作《诗谶》《书谶》《礼谶》《易谶》《春
秋谶》《孝经谶》《乐谶》。

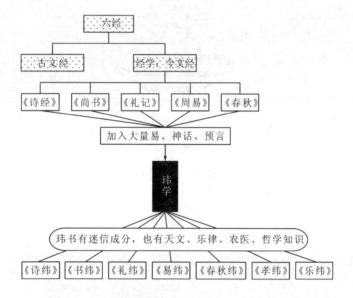

　　图谶与儒家经典结合即形成纬书，谶与纬并没有分
别，所以经常并称谶纬。

　　谶纬依附于儒家经典，借助宗教神权的力量来预示
未来的吉凶祸福和指导现实。既以神权的力量增加了经
学的权威性，又能同东汉的现实和政治结合，谶纬依附
五经，更加增加谶纬之学的权威性。

　　东汉光武帝刘秀以符瑞图谶起兵，利用谶纬之说登
台，即位后把谶纬之说合法化——宣布图谶于天下。谶
纬之学遂成为东汉统治思想的核心，用人施政、各种重
大问题的决策，都要依谶纬来决定；对儒家经典的解
释，也要向谶纬看齐。东汉谶纬大流行，推动了谶纬与
经学深度结合。

纬书林林总总实在太多，汉光武帝刘秀登基后公布的图谶之书就有八十一篇，其中七纬有三十六篇。

在《春秋纬》的《演孔图》中，记载孔子受命制作五经（特别是《春秋》）的神话。

为了表明孔子是天降圣人，《演孔图》极力神话孔子："孔子母征在，游大泽之陂，睡梦黑帝使请己，己往梦交，语：'汝乳必于空桑之中。'觉则若感，生丘于空桑之中。"

孔子被编造成是孔母征在梦中与黑帝交而生，因此孔子被认为是黑帝的儿子，故称玄圣。

孔子为什么是黑帝之子呢？

儒生依据五行理论，夏朝属金，白色；殷朝属水，黑色；周朝属木，青色；继周朝而起的，应该是赤色的火。孔子虽有帝王的道德及才干，但没有帝王的命运，他是殷人之后，所以是黑帝之子，是"水精"，无法继承"木精"之周朝。

按照这些儒生的理论，孔子既然无法继承周朝伟业，那上天让孔子来做什么？

做《演孔图》的儒生说："丘水精，治法为赤制功。"也就是说，孔子的历史使命是为属火的汉朝制法。

正因为如此，孔子的相貌与众不同：孔子长十尺，大九围，坐如蹲龙，立如牵牛，就之如昂，望之如斗。孔子的奇异相貌是他具有天生圣德的标志。

那孔子又是如何晓得上天命他为汉朝制法呢？

《演孔图》说，上天通过种种方法启发孔子，使他意识到这一点。当孔子将种种微言大义注入《春秋》中之后，向上天报告自己完成了历史使命。

天呐，《演孔图》绞尽脑汁地杜撰，也算是把孔子通天教主的身份圆了下来。

纬书中很多故事十分荒诞，只能当神话故事书来看。

这种大讲鬼神符谶，不就是为谋求权力者或已登上权力宝座的统治者大造舆论，收服具有传统天命观的民众，证明其权力的合理性吗？不就是搞一套具有宗教神学色彩的政治宣传心理学，来迷惑和欺骗老百姓吗？

《诗经》是诗歌、民谣，温柔宽厚；《尚书》是上古帝王的文告和君臣谈话内容，疏通知远，广博易良；《礼记》礼仪，恭俭庄敬；《周易》是哲学书，洁静精微；《春秋》是历史书，属词比事。五经是很有价值的。

那么依附在五经之上的谶纬之学对于我们现代人来讲是不是根本就是糟粕，完全没有任何意义呢？

☯ 纬学的价值

在科技发达，文明程度更高的今天，我们应该以更开放和包容的心态看待古代哲学。

纬书并非出于某一作者，而是倾注了汉代儒家的智慧。

剥除迷信与欺骗的成分，会看到纬学也有很多闪光之处。

儒家谶纬神学产生在佛教还没传入前，有着纯粹的华夏远古神话与宗教色彩，体现了古人强大的创造力与想象力，当今的神话艺术也达不到那样的高度。

纬书中除了神话传说，还记载很多技术、天文、乐律、农学、医药以及原始社会状况等资料。

特别值得一提的是，很多还包含着丰富的哲学思想与恢宏的宇宙观，那种贯穿古今的深邃宏大视野，是放在任何一个地方、任何一门学科和行业都很"高大上"的东西。

从《易纬》的《易纬乾凿度》中截取一段："昔者圣人因阴阳定消息立乾坤以统天地也，夫有形生于无形，乾坤安从生？故曰有太易，有太初，有太始，有太素也。太易者，未见气也；太初者，气之始也；太始者，形之始也；太素者，质之始也；气形质具而未离，故曰浑沦。浑沦者，言万物相混成，而未相离。视之不见，听之不闻，循之不得，故曰易也，易无形畔，易变而为一，一变而为七，七变而为九；九者气变之究也，乃复变而为一。一者形变之始，清轻者上为天，浊重者下为地。物有始、有壮、有究，故三画而成乾。"

《易纬乾凿度》题意是以乾为天，度者路也，意思是圣人凿开通天之路，沟通自然与社会、人与神，将六十四卦组成一个系统，汇天、地、人于其中，建立起天人感应关系，以说明四时变化，预测人事的祸福吉凶。

谶纬之学对东汉政治、社会生活与思想学术产生了十分重大的影响，随着东汉的衰弱而没落。

为什么会衰落？

汉朝王室衰落，先前制定的独尊儒术、宣布图谶于天下等儒家经纬学说就失去了权威性，书生们不需要在强权下依附着儒家经文来创新，言论的自由度更大了。

另外，由于谶纬本就是人为制作的，可以被一些人利用来散布改朝换代的政治预言，特别是在纷乱的东汉末年，统治者逐渐认识到其中的危险，屡加禁止。

魏晋以后，随着玄学的兴起，对儒家传统经学有了全新的解释，谶纬之书渐遭遗弃。到了隋炀帝，正式禁毁，谶纬之书大量散失。

第十章

魏晋玄学：儒道佛同台竞技

嵇康

☯ 玄学的兴起

东汉末年，天下大乱，人们开始对儒家的经纬学说怀疑与不满。

既然儒家这么好，为什么独尊儒家的汉王朝还会衰落、人民还会饱受苦难？人们在反思，并逐步抛弃经纬儒学，因此，在思想界处于支配地位的儒学思想开始动摇。

在董仲舒三纲五常的教导下，汉朝士人和学子们以尽忠于皇帝、尽忠于朝廷为理想品格，为巩固大一统的政权出谋划策、辛劳、忧虑。

在社会危机尖锐，矛盾重重的乱世，今文经学和谶纬内容空虚荒诞，而古文经学只知道循规蹈矩把先秦思想翻译成汉朝当时的语言，这些东西丝毫无助于社会政治问题的解决。

儒家治兴乱衰，似乎是一个不变的规律。每逢盛世，皇帝会把儒家抬出来统一思想、维护君权、维护和平，而儒生借此获取功名；每逢乱世，皇权不稳、社会动荡，人们会把这些空洞的说教抛到九霄云外。

汉朝末年，社会腐败、骄奢淫逸、欺世盗名、贿赂公行的现象比比皆是。

人们开始对儒家失望：儒家口口声声说着仁义礼智，却干着最龌龊的勾当，为了升官发财不择手段，原来儒家是如此虚伪！

而儒生也开始对皇帝不满起来。儒生一生不断追求想要尽忠于皇帝，可皇帝就是不重用儒家，重用的不是宦官就是外戚。

儒生很受伤：为什么那些宦官靠拍马屁也能比我寒窗苦读圣贤书混得好？为什么那些皇帝的舅舅不姓刘也能获得重用？我们苦苦忠君，皇帝却根本不讲君臣之义，真是气死人了！

动乱的社会对儒学不再感冒，皇帝也不重用儒家，知识分子就开始抛弃儒学。读书人开始重新思考宇宙、社会、人生，想要找到新的精神寄托。

随着汉王朝的衰落，大一统分崩离析，统治思想界的经纬儒学失去了魅力。厌倦了思想压制、儒家独尊的文人开始寻找新的价值观。

东汉末年到两晋，是两百多年的乱世。那时候，不仅是知识分子，包括整个社会都在寻找新的价值观。

他们抛弃了繁琐的经学、怪诞的纬学、陈词滥调的三纲五常，聚在一起，谈论玄道，醉心于深奥的哲学辩论。

董仲舒建立起的复杂的天人感应体系在两汉时代逐步固化，经学体系束缚着读书人的头脑，压抑着新思想的产生。魏晋的乱世反而冲破了这种固化思想，魏晋时期，玄学盛起、喷薄而出。

☯ 什么是玄学

玄学是魏晋时期流行的，所以也叫魏晋玄学。

玄学就是魏晋名士搞的吗？当时的"竹林七贤"，他们过着放浪形骸、醉生梦死的生活，有的甚至抬着棺材狂饮，一丝不挂在屋中行走，不洗衣服，虱子满身，还经常炼丹服药追求长生不老。这些文人在乱世为何不顾天下苍生，只知道自己享受？

这个时代的知识分子一是不能施展才能，二是不敢施展才能。

为什么？

汉武帝开始选拔官员的方式是察举制，主要考察人才的品德和才能，也就是选拔德才兼备的人。可是到了汉朝末期，选拔官员开始变得腐败，谁有德，谁有才，全凭选拔官吏的一张嘴。当时，拼爹成风，到处是关系户当官，无权无势的读书人根本无法获得上升的机会。

到了魏晋时期，选拔官员的制度就更糟糕了。曹氏家族为了拉拢世家大族的支持，直接把关系户当官透明化，以前的察举制还是遮遮掩掩，起码名义上打着挑选德才兼备人才的旗号。曹操开始设立九品中正制，当官主要考察家世和才能，将人才分为九品，再后来九品中正制为豪门世家掌控，成为世家大族当官的专属渠道，普通老百姓要当官想也别想。

文人即使当了官，也不能胡乱施展才能，对政治说三道四。魏晋时期战乱连年不断，政权更替频繁，阶级矛盾、民族矛盾、统治者内部矛盾错综复杂，今天还是李四当道，明天城头就可能变换了大王旗；今天支持李四的人，明天就可能有杀身之祸。社会越是动乱，权力的斗争越是激烈，文人参与进去，越有可能成为权力斗争的牺牲品。

在政权稳定、经济繁荣的时代，士子文人就有极大的进取心去升官发财或建功立业。然而在残酷而黑暗的时代环境中，士子文人只能选择逃避。

这些知识分子约上一些亲朋好友，隐居山林，不问政事，谈谈玄理，吹吹牛，饮饮酒，吃点丹药，不谈实务而纵情声色。

玄学到底是什么？

老子最早在《道德经》里说："玄之又玄，众妙之门。"扬雄在《太玄·玄摛》说："玄者，幽摛万类，不见形者也。"王弼在《老子指略》中说："玄，谓之深者也。"玄学就是玄远之学，也就是研究事物的一般规律——道，具体领域大多是一些与现实政治不大相关的幽深玄远的问题，比如辩论圣人到底有没有感情？有没有本末？还有研究公私、才性、一多、时变、动静等问题，和西方所讲的哲学问题尤其相似。

魏晋时期人们不研究汉代儒家的五经，主要研究《老子》《庄子》和《周易》，称之为"三玄"，而《老子》《庄子》则被视为"玄宗"。

那玄学也属于道家的一派吧？

玄学看起来是继承和发展老庄思想，貌似是道家的新发展，因此很多人把玄学归为道家，认为玄学是道家的分支或者新道家。事实上玄学在试图融合道家和儒家。

文人开始贵生、避世，崇尚"自然""清静""无为"，表面上看似随性与不羁，实际上很愤懑、很忧虑。这些读书人的内心世界十分纠结，充满了对个性自由与社会秩序的双重需求，充满了对除却功名羁绊无拘无束与一身本领无处施展迫切想要建功立业的突出矛盾。

这些文人与老子、庄子真正的超凡脱俗、浪漫洒脱是不同的，虽然他们也想像传统儒家一样大展宏图、报效国家，但是没有办法。当时的社会非儒即道，他们被逼到了道家，虽然谈道，但分析的很多都是儒家的观点。

所以魏晋的玄学是用道家的眼光来看待儒家，用道家的理论观来分析儒家的观点。准确地说，玄学不是新道家，而是儒和道的结合。

老子的《道德经》是《易经》很好的注解与解读，周公解释的易经《周易》是儒家的五经之首，后来董仲舒把《周易》的阴阳和五行引入，用于解释天人感应，《周易》就成为道家和儒家共同研究的经典，这样为道家和儒家的融合奠定了基础。

文人用道家理论对《易经》和儒家学说重新探讨，就出现了魏晋的玄学思潮。

那说说玄学究竟是些什么内容？

☯ 儒道融合

儒家讲"礼法""名教"（也称为礼教、儒教，主要是三纲五常）"德治""圣人"等思想。

随着汉代儒学的衰落，文人从繁琐的经学中解放出来，试图用道家的"自然"与儒家的"名教"相结合。魏晋玄学是中国哲学史上第一次企图用老庄思想融合儒家思想。

玄学一改汉代"儒道互黜（抵触）"的思想格局，主张"祖述老庄"，以道家为主调和儒家达到"儒道兼综"。

玄学提出的有无、本末、体用、言意、一多、动静、梦觉、本迹、自然与名教等一系列极具思辨性质的概念范畴都是先秦儒学和两汉经学所不具备或不重视的，玄学丰富和发展了中国哲学。

玄学争论的问题，其实就是对儒学名教的反思与质疑。

儒学名教是什么？

"名"即名分，"教"即教化，名教就是通过上定名分来教化天下，以维护社会的伦理纲常、等级制度，做到"君君、臣臣、父父、子子"。董仲舒据此倡导审查名号，教化万民。"以名为教"，内容就是三纲五常。在魏晋时期，就把汉儒的这一套叫作名教，宋元明清理学把名教称为天理，现代人批判三纲五常，把名教称为封建礼教、儒教。

☯ 本末有无

玄学的这个辩题就是辩论有没有本末？有和无，谁是本？谁是末？无生有还是有生无？无能不能自生？有能不能自生？还是有无相生？

本末有无是哲学中最基本的观念，玄学家必须要辩论的。本末有无经过多年的辩论，最后形成三种观点。

贵无论——"以无为本"。王弼认为"无"是宇宙万事万物存在的根源和本体，类似于"道""太极""规律"之类的东西，无形无象。"有"是宇宙天地万物的具体存在，包括一切人类社会的典章制度。"无"是"体"，"有"是"用"；"无"是"本"，"有"是"末"，本末并存，体用不离。道这个"无"生万物这个"有"，"无"主宰"有"，万物的繁衍生息都是由"无"这个规律主宰着。

崇有论——"以有为本"。崇有论说，无就是无，就是什么也没有，怎么能生出有？裴頠认为"无"不能生"有"，"有自生"，而非"生于无"。万物开始产生时，都是自己生出来的，有自生有。

独化玄冥——"独化相因说"。郭象似乎是个和稀泥的，他赞成崇有论，认为"有"是独自存在的，不需要"无"作为自己的本体，万物是各依其性以发展变化，而非取决于其自身之外的任何"无"的因素，这就是"独化"。但每一物都需要"它物"，小麦生长需要阳光和水分，万物是关联的，这就是相因。犹如唇齿一样，唇并不是齿生出来的，齿亦是不是唇生出来的，各自都是独化的，然而唇亡则齿寒，它们是相因的。郭象也认为万物有一种规律在支配——万物"独化于玄冥"，即指独化于深远暗合之中，而这种深远暗合是必然的，世界的一切，都受这种必然性所支配的。因此"有"就是"本"，"有"就是"末"，"本"即是"末"，"末"即是"本"。

乍一看，玄学讨论的问题果然不着边际，和西方哲学家书呆子一样讨论这种空洞无用的问题，真是这样的吗？

魏晋的文人就算是中国历史上最洒脱的文人，也绝对不会争论这么空洞的问题，他们的目的还是为了反思、质疑和融合儒家。

儒家提出了仁、义、礼、三纲五常，这些都不是宇宙诞生就有的，而是后来儒家学者创建出来的，这些社会制度属于"有"。道家讲自然，这种宇宙的本原、自然规律——"道"属于"无"。

道家自然是本，儒家名教是末。

那辩论有无，就是要剖析儒家名教的合理性吗？

我们可以这样理解：谈论有、无就是要谈论儒家名教与道家哲学的关系，就是要谈论玄学家们对政治伦理的理解。

	本末有无	自然与名教	言意之辨	圣人 有情无情	才与性	声无哀乐
	本	自然	意	无情	性	声
	末	名教	言	有情	才	哀乐
贵无	无为本	名教出于 自然	言可尽意	有情	才性同	声有哀乐
崇有	有为本	越名教 任自然	言不尽意	无情	才性异 才性离	声无哀乐
独化	独化相应	名教即 自然	意不尽 而尽		才性合	

☯ 自然与名教

　　那自然与名教是什么关系呢？按照有无本末，形成三种观点。

　　名教出于自然。自然是名教之本，名教是自然的必然表现，两者是统一的，并不矛盾。王弼认为名教出于自然，是自然的体现，而自然便是"无"。因此，人类社会也要按照这种自然的法则运作，实现无为而治。统治者要清静无为，"以无为为君，以不言为教"，长短、尊卑自然"各有定分"，最高统治者只要做到设官分职、定好名分，就可长久地坐享其成了。在这里提倡名教的儒家与崇尚无为而治的道家就很好地融合了。

　　越名教而任自然。魏晋之际，司马氏篡夺了曹魏政权，名义上宣扬以孝治天下，却打着名教的幌子罗织罪名，排斥异己，杀害大批名士。嵇康发现，名教根本就不是自然，名教与自然是有本质的冲突，两者不可能互相协调。嵇康认为名教束缚人性，与人的本性相对立，他公开否认"六经为太阳，不学为长夜"，坚决反对"立六经以为准"，崇尚"越名教而任自然，非汤武而薄周孔"，认为只有越名教除礼法，才能恢复人的自然情性。

名教即自然。按照独化相因学说，"本"就是"末"，"末"就是"本"，那么名教就是自然。万事万物各自变化、发展都属于属自然，而名教的存在，当然也是自然。类似西方哲学家黑格尔所说的存在就是合理的。名教是自然的一部分，因而郭象认为尊卑上下、大小等级既然是存在的，就是自然的，人人要安于自己的本分、地位和命运，不可逾越、不可错乱。贤人和君子居于统治地位，享受爵禄，也是合乎"天性"的。

☯ 言意之辨

《易经·系辞》曰："书不尽言，言不尽意。"

"言"与"象"都属与现象，是"末"，是人类特有的语言、文字和身体器官感觉；"意"就是宇宙的规律和世界的本原，是"本"。

"言意之辨"就是说人类说的话、写的字、看到的图像、听到的声音、闻到气味、感觉的触觉等，能不能反映真实的世界和宇宙的规律呢？

玄学的言意之辨按照有无本末也有三种观点。

言不尽意。传统上道家认为"言"与"象"都属于语言层面的东西，都会受语言规则的限制和人类自身感觉器官的结构，对于复杂的现实世界是不能完全表达的。"象外之意，系表之言，固蕴而不出矣""非物之象所举也""道可道、非常道"，自然规律和圣人之意，是象外之意，是不能通过通俗的语言和物象表达出来的。

言可尽意。欧阳建认为"言"既能穷尽现象界之全体，则"言"就能展示"意"。"名逐物而迁，言因理而变。此犹声发响应，形存影附，不得相与为二。苟其不二，则无不尽。"

言不尽意还能理解，但言可尽意感觉不太好理解。

言不尽意和西方哲学家康德的观念相似。康德认为人们看到的东西不过是人们的感觉，至于那个东西真实的实体到底是什么，我们永远无法全面了解。比如我们看到苹果是红的，吃到是甜的，摸到是光滑的，这只是限制在人类自身的感觉器官来认知到部分苹果的信息，至于真实的苹果是什么样人类永远无法了解。那么借人类之口说出来、借人类之手写出的苹果，也不是客观世界真正苹果的样子，所以说言不尽意。

言可尽意与西方哲学家黑格尔的观点有点类似。当时人们陷于康德的观念，认为人类永远无法全面了解真实世界，只能掌握拘泥于人类感官所获取的有限信息。在科学界一片茫然的时候，黑格尔站出来说："既然那个真实的客观世界我们永远也无法认知，永远也无法全面知晓，那我们还提它干什么？口口声声说的客观世界原来永远也无法弄明白，那还不如把人类所感觉的世界就认为是真实的世界，这样子的话人类的言就能尽人类的意。"欧阳建想表达的也是这个意思，在他看来"本"就是"末"，"末"就是"本"，"言"就是"意"，"意"就是"言"。

意不尽而尽。这句话的意思是意是不尽而尽的，意是通过不尽而达到尽的，是不是有很强的哲学思辨？王弼认为有形的现象世界就是"共相的言象意"，是可以用"言"和"象"来尽"意"的；而无形的本体是"殊相的言象意"，是不可用"言"和"象"尽意，只能用"微言"来启发，用意会进行内心体验。比如，当我们说"他像某个明星"的时候，我们是将他跟那个明星的图像作比较，在身材、面向、表情、动作、性格等方面对比，通过"象"作为中介物，"言"与"意"完全能够结合起来。但是在描述无形的概念、道或者规律时，借助具体事物或是形象语言的描述，或借助某些有确定含义的概念是无法把握世界的本质，就必须用超理智的直觉，即超出概念和逻辑的分析来把握，要"得意"就必须"忘象忘言"，要得到规律的"无"，就必须不停留在"有"这些现象上，而必须超越于"有"之外，不能停留在言语表达上，要超越于"言"之外。

意不尽而尽恰恰是西方哲学一直以来所欠缺的。西方科学家不断做实验发现科学规律，如果有重大的科学发现就成为哲学家，总结出新的方法论，然后再推广开来。所以西方的哲学是跟在科学研究的屁股后面，总结性较强但指导性较弱。而中国哲学尤其是《易经》，用超越人类理智的直觉去把握无限的规律。伏羲一画开天，其八卦有很强的前瞻性和指导性。

用现代的话说，言意之辨就是在说人类的主观意识能不能反映出客观事物的规律。

☯ 圣人有情无情

儒家仰慕尧、舜、周公、孔子，认为他们是儒家的圣人，是学习的人格典范。

而玄学家倒要问问：圣人到底和普通人有什么区别？圣人有七情六欲吗？圣人有普通人的感情吗？

圣人无情。"凡人欲喜则喜，欲怒则怒，或应喜反怒，应怒反喜，喜怒不得其'理'（道）"。何晏认为圣人是不会被万事万物所左右和影响的，所以生来无情，不像普通人"以物喜，以己悲"，即因外物的好坏和自己的得失而或喜或悲。《老子》曰，"天道无情"，何晏认为圣人应当是效法并且是合于天道的，是"无喜怒哀乐之情"的。

圣人有情。王弼认为圣人是有情的，他认为圣人和凡人的区别并不在于是否有情，而是"圣人茂于人者神明也"，也就是说他认为圣人和凡人的区别应当是神明的区别，而圣人的神明是"智慧自备"并且"自然已足"的，只有这样，圣人才能够"应物而无累于物"，才能够"体冲和（深刻的体验）以通无（和道同体）"。凡人的情感容易受外物所累、所牵制，失其自主性，不能入乎其内，出乎其外。而圣人能"物物而不物于物"，圣人不为物累，能出入无间，常保其自主性，使感情自然流动而不过分，所谓"从心所欲不逾矩"。

明朝的王阳明是比魏晋玄学家更厉害的人，他提出了"人皆可以为尧舜"，只要致良知，人人都是圣人。

☯ 才性之辨

才性之辨之所以成为重要的哲学命题，是因为在当时具有重要的政治意义。

简单来说，"才"就是才能；"性"就是道德和品格。

才性之辨讨论的就是用人要德重于才、还是才重于德？

三国鼎立之初，由于人物品评和人才选拔的需要，才性问题成为人们关注的重点。

曹操唯才是举，他认为才能与道德品行是两回事。他的椽属荀彧、郭嘉、徐幹等人也主张才性要分开。

而与曹操抗衡的袁绍则崇尚道德品行、重名轻实，结果他手下的才能之士都投奔曹操而去。

从曹操来看，招聘人才的时候才比德重要才能成功啊！

有趣的是，虽然曹操招揽的人都很有才，德却差了一点，曹操一死，司马家族就想篡位；而刘备招收部下很重德，刘备的阿斗无论多么无能，诸葛亮还是鞠躬尽瘁地辅佐。

掌握实权的司马氏很注重总结曹操的用人教训，为了防止有才能的人篡夺自己的权位，开始注重德才兼备或更注重德。

与司马氏关系密切的傅嘏与钟会主张才性同和才性合；在政治上不依附司马氏的李丰与王广，则主张才性异和才性离。

钟会曾著《四本论》，里面记载了才性之辨。"四本者，言才性同，才性异，才性合，才性离也。"

才性同。傅嘏认为才与性是一回事，"昔先王之择才，必本行于州闾，讲道于庠序，行具而谓之贤，道修则谓之能"。意思是以前的统治者选拔人才，必先了解州闾乡间人士对他道德品质的评价，还要看他在学校里的表现和成绩。他的行为表现好，就叫贤；他的道德修养好，就叫能。"才之美恶为性之美恶的外见，性善则行清，也必然才美；性恶则行浊，也必然才劣。"所以才能和道德是分不开的，实际上是一回事。

才性异。李丰认为才与性是两回事，《三国志》记载：毓于人及选举，先举性行而后言才。黄门李丰尝以问毓。毓曰："才所以为善也，故大才成大善，小才成小善。今称之有才而不能为善，是才不中器也。"丰等服其言。就是说李丰问毓为什么选拔人才注重道德，卢毓说："才是用以行善的，大才能为大善，小才能为小善。如果说某人有才，但他不能行善，只是说他的才不中用，也就是无才。这样看来，才和性是两回事，有才不一定有德，有德未必有才。"

才性合。钟会认为才与性虽然是两回事，但二者有密切的关系。人有才能但品德未必高尚，人的品德高尚但才能未必出众，才（天赋）虽是先天而来，然德行却可后天修为而得，故才性可合一。

才性离。王广认为才与性是两回事，而且二者之间也没有什么关系。人有才能其品德未必高尚，人的德行高尚其才能未必优胜，才能是要经过后天修炼而得，道德品行也要通过修为而得，但两者截然不同，故才性离。

☯ 声无哀乐

声音和人的感情是不同的两种事物，音乐所发出的只是客观的音调，它不含有悲伤或者快乐的感情；哀伤或者快乐是出于人的内心，完全是主观的。

声无哀乐表面上看是在讨论音乐与心的关系，实际上是在辩论儒家的礼乐、儒家的纲常理论到底有没有用，能不能影响人心，能不能移风易俗。

儒家音乐理论多为儒家礼教思想，其代表《礼记·乐记》主张声有哀乐，其《乐纪篇》讲圣人"致乐以治心"，音乐之或哀或乐"足以感动人之善心而已矣"，听音乐的人只需被动地接受"拯治"便足矣，无需发挥什么能动性，更不需要什么主体意识。

儒家夸大音乐教化作用，提出"治世之音安以乐，亡国之音哀以思"；贬低音乐鉴赏者的能动作用，谓"声使我哀，音使我乐"。人的情感靠音声激发，受制于音声，这样一来，音乐的效应就只剩下"治心"。

嵇康主张声无哀乐，就是说音乐本身与人的喜、怒、哀、乐并无一一对应的必然关系。

音乐是客观存在的声音，哀乐是人们的精神被触动后产生的感情，两者并无因果关系，就是"心之与声，明为二物"。

音乐本身的变化和美与不美，与人在情感上的哀乐是毫无关系的。嵇康认为人情感上的哀乐是因为人心中先有哀乐，音乐起着诱导和媒介的作用，使它表现出来的。

嵇康大胆批判了两汉以来完全无视音乐的艺术性，把音乐简单等同于政治。他主张音乐脱离封建政治功利的音乐思想，反对"礼乐刑政"并举的官方做法。

嵇康大胆肯定人在音乐鉴赏中的主体地位，将"心"从"声"的制约中解放出来。他认为听音乐的人心中原本就怀有或哀或乐的情感，在欣赏音乐的过程中才会引致哀或乐。音声本身并无情感，它只起诱导和媒介的作用，使人心中的哀乐表现出来。

对于作曲者来讲，是心中先有了哀乐，然后将自己的这种情感融入创作当中，通过音乐的创作手法，向人们传递着其对自然界、对内心情感以及对外部世界等的感受。

稽康强调了音乐鉴赏主体的主导作用，一改儒家乐论之弊，从而体现魏晋"人的觉醒"的时代精神，也开创了中国音乐美学思想的潮流。

推而广之，儒家名教那套三纲五常也像音乐一样，不能强加给人们，人们才是"主"，人们有权利决定听或者不听，人们有权利决定自己的悲伤和喜悦，而不是外部强加的教化。

☯ 佛教的中国化

随着儒学的衰落，文人试图用道家去融合儒家，但不巧的是，还没融合完成，半路杀出个程咬金，更强大的竞争者佛学传入了中国，开始了儒、道、佛之间的竞争。

大家都知道佛学的创立者是释迦牟尼。

那么佛究竟是什么？

佛的原意是"大觉大悟者"。

释迦牟尼原本是尼泊尔丛林迦毗罗卫国的王子，当时释迦族不断受到强邻的侵略威胁，地位十分脆弱，作为没落部族的王子，面对国族暗淡前景，很是忧虑。

释迦牟尼在农田看到虫子被农夫掘起，又被飞鸟啄食，痛感众生相残。

释迦牟尼驾车出游，在东南西三门的路上先后遇着老人、病人和死尸，亲眼看到了衰老、痛苦和凄惨的景象，非常感伤和苦恼。

他便对世间诸苦进行了深沉思考，思虑很久还是没有弄明白，于是弃绝红尘、出家修行，过起了与世隔绝的隐居生活。他穿树皮、睡牛粪、七天吃一顿。

经过六年多的禁欲苦修之后，身体消瘦得像枯木一样，还是没有找到解脱之道。

于是便放弃苦行，来到伽耶城外的菩提树下，沉思默想七天七夜，终于大彻大悟。

他终于找到众生皆苦的原因——灵魂的轮回转世。

西方宗教是乐观主义，认为有来世是对人的奖励。

而印度教的悲观色彩却认轮回是噩梦，正是因为有轮回转世，才使生、老、病、苦、死有机会永恒地轮回出现，给人们带来了无尽的苦役。

为此，佛提出了解决这个噩梦般轮回的方法——涅槃。

涅槃就是寂灭，寂灭就是没有了，没有了也就逃出轮回了。

那意思是让人消灭自己或者自杀吗？

佛认为自杀和寂灭根本不一样，自杀后还是会投入轮回，而且自杀的人会投入最可怕的转世中。而寂灭就是要倡导人们行善、为一切生命而牺牲个体，把普通的行善推广到了众生（包括人和动物），为了众生而牺牲自我，这样才能达到真正的寂灭，彻底的没有。灵魂彻底从这个世界灭失，再也不用投入到轮回中，从而解脱了轮回之苦。

所以说，佛是悲观、消极的，而为了达到寂灭的行善又导致了人们克己、节欲、慈悲、温顺、贞洁的处事准则，这一定程度上与儒家的教条有相似之处。

可是佛寂灭了就永恒地没有了，人们还怎么去信仰、怎么去供奉佛呢？对于祈祷者来说佛变得神圣而无法接近了。已经成佛的都寂灭了，只剩下一些冰冷的佛教信条，就无法吸引更多的信奉者。

所以佛教为了满足人们对神灵信仰的精神需求，创造出许多未来佛（菩萨）来解决这些问题。

过去的佛已经寂灭了，看不到也摸不着，永远没有了。但还有未来佛，这些佛正等待着在极乐世界道成肉身来拯救大家呢！

佛教创造出来的这些未来佛——菩萨，赢得了人们的喜爱。比如弥勒佛，号称"佛教的弥赛亚"，他道成肉身的时刻即将来临；观音菩萨相当于"佛教的玛丽亚"；还有阿弥陀佛（无量佛）等都获得了人们虔诚的信仰和深深的喜爱。

这些新创造出来的未来佛，正准备承担起向中国传播佛学的任务。

伴随着未来佛的出现，佛教艺术开始蓬勃发展。

最初的佛已经寂灭了、已经没有了、已经去人格化了，不会再轮回了。如果人们再去描画他的画像，塑造他的雕塑，希望通过肖像使他复活，这显然和追求寂灭的教义是矛盾的。

最初的印度艺术家不敢绘制佛的肖像，佛的肖像就用符号"卐"代替。

随着希腊的思想传入印度北部后，佛教徒认为写实地去表现佛陀是很有必要的，他们从希腊阿波罗神像那里获得灵感，最初塑造出的佛像，样貌像极了阿波罗雕像。不同的是：为佛陀添加了双目之间的智慧标志；释迦牟尼在当王子的时候因为佩戴着沉重的耳环，耳垂被扯得特别长，因此佛教徒为佛陀增加了长长的耳垂；还增加了用来承载花饰头巾的假髻。

最初的样式后来被人们误解为，耳垂大就是有福气的象征，佛陀的假髻是佛陀头上一堆堆隆起的卷发。

这种有形的形象特别有助于佛教的传播，佛教从印度经过中亚，传入中国和日本，佛的样貌已经从最初的希腊风格发生了天翻地覆的变化，产生出不计其数的远东佛陀。

随着汉朝对西域的征服，使得印度佛教能够沿着商业贸易的丝绸之路传入中国。

佛教进入中国并与中国文化相融合是一件了不起的大事，可以与近代中西方文化的融合相媲美。

佛教在汉朝刚传入中国的时候，大家误以为是道家的一个派别，佛教也正好借用道教的外衣进入中国。

佛教徒要把印度人的观念带给中国人，首先需要把佛教教义翻译成符合中原思想的语言，于是他们借用了大量的道家词汇和术语，按照道家的样式来表达佛教的内容。

入乡随俗的佛教获得越来越多人的信任。

☯ 儒道佛同台

很快道教徒和儒家醒悟过来了，原来佛教是要争夺我们的信徒和观众的，外来和尚是来抢饭碗的，此时儒家和道家开始明确地反对佛教。

道家说："佛教是外来宗教，根本不是中国人的！"这一思想的确影响深远，无论中国人多么喜欢佛教，总觉它不是土生土长的本地人。

儒家知识分子就更会批判佛教了："佛教徒脱发修行、崇拜佛陀，身体发肤受之父母，岂能说脱就脱，不拜祖先，跑去崇拜印度佛陀，简直是大逆不道！出家只注重个人修行，只管拯救自己，不要家庭，不管国家，此乃不仁不义禽兽之为!"

但是不管儒家和道家怎么批判，佛教的魅力让中国人无法抗拒。

儒家只知道读圣贤书、说些漂亮的大话，维护皇帝利益，是文人获取功名的途径。所以，对普通老百姓来说，儒家并没那么亲近。

道家呢？理论比较深，哲学性太强，一般人也弄不懂，弄懂了感觉也没用。道家的养生、炼丹，追求长生不老、修炼成仙，倒是引来无数围观人群。可是到后来人们发现长生不老和成仙不过是神话，根本没法实现。

中国从来没出现过佛教这样的东西，儒道两家在精神信仰方面难以拿出与之抗衡的东西，佛教传播开来，中原内外，上至皇帝、下至黎民百姓，无不为之倾倒。

佛教新创造出来的菩萨对佛学在中国的传播起到了重大的作用。就拿观音菩萨来说，这些精美的画像、高大的雕塑，充满了慈悲和怜悯，让人不由自主地信赖并爱上他们。

每位菩萨都有精彩的传说，让人们不禁赞叹和崇拜。

天堂和地狱的缤纷色彩，佛教艺术的渲染，人们被深深吸引和折服。

佛教是比儒家和道家更容易走的路，不需要艰苦的学习和辨析深奥的哲理，不需要通读经书，只需要简单的一句"阿弥陀佛"就获得了心灵的无限慰藉!

汉朝结束后，儒家衰落。

玄学还没完成儒道融合，佛教就以更强大的姿态出现了。

东晋时期，佛学也迅速发展，玄学与佛学互相影响，佛学者谈玄，玄学者论佛，成为一时风尚，佛道两家也日益密切起来。

后来，玄学内部有许多的派别，如贵无派、崇有派、独化派，等等，这些派别的影响使佛教内部发生分化，佛教内部因对般若思想理解的不同而出现了所谓"六家七宗"的争论。

到了唐朝，皇帝与老子同姓李，李唐奉老子为祖先，尊崇道家，兼行儒佛，呈现三教同台的局面。三家同台除了相互切磋，更展开了激烈的竞争。

第十一章

朱熹理学：儒道佛的融合

朱熹

☯ 理学的产生

汉朝以后，儒学地位下降。

魏晋南北朝时玄学盛行，佛教兴起。

道家有世界观——告诉人们世界是怎么有无相生的，有方法论、有哲学思辨。

佛教有灭欲观，教导人们行善，给人精神慰藉。

儒家有积极进取的思想，有建功立业和振兴邦国的理想。

唐朝以来，儒、佛、道各有所长，三教并行，儒家不仅不处于独尊地位，还常常被排挤到边缘。

那儒家该如何振兴儒学，恢复儒家的主体地位呢？

如果用谈恋爱来做例子，A男（儒家）很帅，B男（佛家）有才，C男（道家）有财，他们各有所长，女孩（社会）选择总是很纠结，到底该选哪个呢？

儒、佛、道三男也会打来打去，各说各好。

此时，A（儒家）最聪明，A（儒家）升级了，他不仅帅，还向B（佛家）学到了知识，跟C（道家）学会了赚钱，于是A一举胜出，赢得了女孩（社会）的青睐。

儒家发现，儒家之所以不能占主要地位，是因为佛和道有的东西，儒家给不了。

儒家对儒学进行了升级改造，以孟子的思想为基础，吸收佛教和道家思想形成的新儒学——理学（义理之学：研究儒家经典义理的学说），也叫道学。

理学的创始人为北宋的周敦颐、邵雍及张载，而后有程颢和程颐等人继续发展，最终由南宋朱熹集其大成，形成了精深的新儒学体系，因此理学常被称为"程朱理学"。

儒家吸收了道家的哲学与思辨精神，构建了天理观念，克服了儒学的世界观与方法论方面的缺陷。

儒家借鉴了佛教的灭欲观，提出了灭人欲，弥补了个人修行方面的短板。以前的儒家主要谈论政治，从理学开始，更加注重个人的修为，把个人的道德修养"修身齐家"作为政治运作"治国平天下"的基础。

朱熹是儒释道的集大成者，融合了儒、道、佛的理学，使儒学变得强大无比。自此以后佛、道学说再也动摇不了儒学的地位了。

后世无论中外，研究儒学都绕不开朱熹构建的理学大厦。

朱熹 52 岁时，将《大学章句》《中庸章句》《论语集注》《孟子集注》四书合刊，构成了朱熹理学完整的思想体系，并将《大学》《中庸》《论语》《孟子》四书定为文人士子修身的准则。当时，五经被比喻成是粗米，四书被比作熟饭，四书被认为是通晓五经的阶梯。

宋朝时，朱熹的理学是受到排斥的。宋朝庆元二年（1196 年）"党禁"发生，朱熹被斥之为"伪学魁首"，朱熹以伪学罪首落职罢祠，朱子门人流放的流放，坐牢的坐牢，遭到严重打击。

朱熹直到去世也仍未解除罪名。但朱熹死后不久，党禁解弛，朱熹的地位开始日渐上升，在历代儒者中的地位和影响力仅次于孔子和孟子。

朱熹思想学说从元代开始被奉为正统，在元、明、清三代，理学一直是国家的官方哲学，不仅深刻地影响了传统思想文化，而且还远播海外，对李朝时期的朝鲜和德川时代的日本产生了巨大的影响。

元代开始，科举考试以朱熹的《四书章句集注》为标准取士，从此四书代替了五经。

那朱熹的理学到底是讲的什么呢？

朱熹学问渊博，先秦诸子、佛道思想、史学、文学、地理、音韵、训诂、典章、乐律等无所不看，对各种学问都有着广泛的兴趣。

朱熹 28 岁时，开始意识到"妄佛求仙之世风，凋敝民气，耗散国力，有碍国家中兴"，于是开始反佛道而崇儒。

朱熹整合儒、佛、道思想，构建起了规模宏大而又缜密精致的理学。主要包括"理气"的宇宙观、"心统性情"的天人观、"格物致知"的认识论和"主敬"的修养功夫论。

☯ 理气论

董仲舒提出了天人感应理论，用天地之气与人之气相互感应来说明天道（自然规律）和人道（政治伦理）的关系，并使用了"元"的概念，把"元"当成万物的本原和初始，但他还没有系统解释宇宙的生成观。

周敦颐沿袭《易经》中"太极生两仪、两仪生四象"作《太极图说》，用来解释宇宙的生成与万事万物的变化规律。

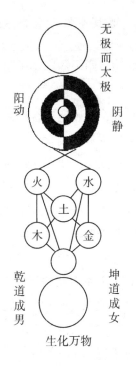

无极而太极

阳动　　阴静

火　水

土

木　金

乾道成男　　坤道成女

生化万物

　　无极之极就是太极。（无极是用来形容太极的无始无终、无形无象、无情无欲、无声无色、无臭无味的"虚无状态"，既然太极是无始无终、无形无象、无情无欲、无声无色、无臭无味，那么人类的语言、图像和感觉就很难准确描述，只能去意会。）

　　太极通过内部的自我运动，产生出阳；阳运动到了极限就转化为静止，静止便产生阴；静止到了极限，又再变成运动。

　　阳和阴，运动和静止，两者相互将对方作为自己的根基。

　　太极分成阳和阴后，天与地便出现了。

　　阴阳的变化结合，产生出了水、火、木、金、土五气。

　　这五行之气，顺其本性变化，这样就产生了春、夏、秋、冬四时。

　　五行统一于阴阳，阴阳统一于太极，太极原本就是指无极。

　　阴阳五行的精粹，微妙地结合凝聚。从而促使天的阳气形成男人，地的阴气形成女人。

　　阴阳二气的交相感应，便变化产生出万物。万物生成无穷，变化运动无尽。

　　朱熹的理气论就来自于《太极图说》，朱熹提出了"理"的概念，就是"理学"的"理"。

　　朱熹的理＝天理＝道＝太极＝无极＝宇宙的规律。

　　而"气"是构成万事万物的材料。

　　理是形而上的"道"，是抽象的规律，是无形无迹的本质，类似于西方哲学黑格尔所说的"绝对精神"。

　　气是形而上的"器"，是事物最基本的构成，用现代的话说，可以把气理解为原子、分子之类的东西。

　　朱熹在理的基础上，又提出了"理一分殊"的思想。他认为万事万物，包括人类社会都有各自运行的道理，这就是"分殊"。但是这些物、人各自之理都源于同一个天理（无极、太极、道），这就是"理一"。

　　宇宙的万事万物都各有一理，但这些理都出于天理，天理是宇宙万物各理的总理。就像天上的月亮（天理）只有一个，却完整地映现在每条江河（事物各有一理）之上。

　　"理一分殊"就是说太极包括万物之理，万物分别体现整个太极（"人人有一太极，物物有一太极"）。

　　理或天理是自然万物的根本法则，当然也是人类社会的最高准则，也是人类所憧憬的人生最高境界。

☯ 心统性情

天道和人道是否相同，是一直争论不休的问题，孟子认为天人合一，荀子主张天人相分。

朱熹继承孟子的天人合一思想，认为天理既然是自然万物的规律，那么人类社会也应该遵守。

天道和人道是相通的。

天理反映在人身上就是"道心"，道心是天理的体现，也叫"义理之心"。

理在人还未形成之前浑然于天地之间，人一旦形成，便附于人体，成为先天禀赋于人心的仁、义、礼、智、信，是先天的善性所在，人人皆有，是至善的、完美无缺的，所以道心是人的"天命之性"。

道心出于天理，是性命之正。

水、火、木、金、土五气运行形成道心的"性"，禀木之秀（禀赋木气的精华），具爱之理（就具备了爱的义理）就形成仁；禀火之秀，具敬之理就形成礼；禀金之秀，具宜之理就形成义；禀水之秀，具别之理就形成智；禀土之秀，具实之理就形成信。

"性"是寂然不动的秉性，性见于情，处于未发状态，性是道心的"本"和"体"。

"情"是随性而发的感情，情发于性，处于已发状态，情是道心的"末"和"用"。

情是性的有感而发，情感发于"仁"就形成"恻隐之心"；情感发于"礼"就形成"辞让之心"；情感发于"义"就形成"羞恶之心"；情感发于"智"就形成"是非之心"；情感发于"信"就形成"诚实之心"。

前面说到了理气论：天理是天然存在的，道心是人人都具有的，就像人的生理结构一样，与生俱来的。

除了无形的理，还有构成物质有形的有气，人体必禀此气才能形成。由于气精粗、厚薄、清浊、久暂的不同，就产生了具体性格上的差异，也就是"人心"。"人心"有善有恶，属于后天的"气质之性"。

"道心"是理主气随，形成了仁、义、礼、智、信，是善的。

"人心"是气主理随，形成了喜、怒、哀、惧、爱、恶、欲七情，这些感情有的是善的，有的是恶的，恶的部分被称为"人欲"。

人欲并不是指人类的各种欲望，指的是可能转变成恶的欲望，比如过分的节欲或者过度的纵欲，都可能产生恶。

天理与人道、自然世界与人事社会、道心与人心之辨是中外哲学都很关注的重点，朱熹的心（道心）性（人心）论更是儒家乃至中国文化最精髓的部分。

朱熹认为，道心与人心是密切关联的，道心需要通过人心来安顿，人心须听命于道心。

人心是气的表现，道心是理的表现，人心必须接受道心这个"性命之王、性命之正"的主宰和统领，这就是"心（道心）统性（人心）情（感情）"。

从心统性情出发，朱熹进一步提出了"存天理、灭人欲"的观点。

朱熹承认人们正当的物质生活欲望，反对佛教道教笼统地倡导无欲、节欲，也反对过分违背天理产生恶的欲望。

所以朱熹的灭人欲，并不是要人们无欲，而是要按照天理来安顿人的行为。

比如，性的需求是符合天理的人的正常需求，但是抵挡不住诱惑，要去强奸、要跟人私通，这就是"人欲"。

那么性、饮食、穿着、居住等的满足到了哪种程度就是正常的？到了哪种程度就是"人欲"呢？

这并没有统一的标准，这就需要良好的自我的修养和准确的分寸拿捏。

四书中的《中庸》就是教导人们要做好个人的道德修养，合理地把握好尺度。

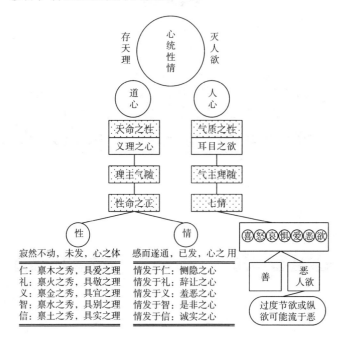

🌓 大学之道

大学，大道之学，乃是要继天立极、秉承天理，为人类树立最高准则。

什么最高准则？

具体可以归纳为四句话：为天地立心，为生民立命，为往圣继绝学，为万世开太平！

大学之道分为"三纲八目"。

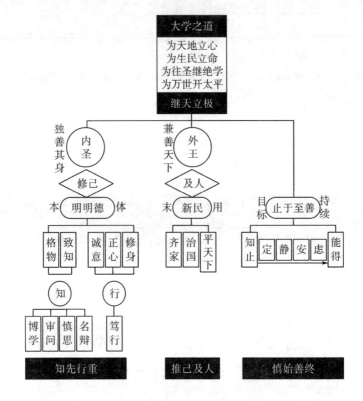

"三纲"是指明德、新民、止于至善，是大学之道的纲领，也是儒家的目标。

所谓"八目"，是指格物、致知、诚意、正心、修身、齐家、治国、平天下。是为达到三纲而下的工夫，也是儒家的人生进修阶梯。儒家的全部学说都是在讲述这三纲八目。

大学之道有两个阶段："内圣"和"外王"。

"内圣"就是注重自己的修为，"穷则独善其身"，这里的穷不是指的物质贫穷，而是在起步阶段，能力还比较小的情况下，首先要做好的功夫就是"明明德"。

"明明德"中第一个"明"是动词，明了、达到的意思，第二个"明"是纯净无染的、圆满的意思，指的是个人要有良好的品德修养。

"外王"就是"达则兼善天下"，在个人达到道德的觉悟之后，还要推己及人，帮助、教育他人，达到齐家治国平天下，齐家治国平天下就叫作亲民。朱熹为了体现革去"旧染之污"，把"亲民"改为"新民"。

内圣就是要明明德，内圣是本，是体（本体、本质）。

外王就是要新民，外王是末，是用（作用，本体的外在表现）。

那另外一纲"止于至善"是说什么的呢？

"止于至善"一方面是说目标，大学的目标就是为了"止于至善"，经过明明德和亲民两个阶段，就会达到至善的境界；"止于至善"另一方面指不浮躁、认定目标踏踏实实，持续地改进，不半途而废。

怎么做才能不浮躁呢？

"知止而后有定，定而后能静，静而后能安，安而后能虑，虑而后能得。"

知止就是树立坚定的志向，志向坚定才能够镇静不躁，镇静不躁才能够心安理得，心安理得才能够思虑周详，思虑周详才能够最终有所收获。

三纲下的八目是环环相扣，层层递进的。

"古之欲明明德于天下者，先治其国；欲治其国者，先齐其家；欲齐其家者，先修其身；欲修其身者，先正其心；欲正其心者，先诚其意；欲诚其意者，先致其知；致知在格物。"

"物格而后知至；知至而后意诚；意诚而后心正；心正而后身修；身修而后家齐；家齐而后国治；国治而后天下平。"

无论天子还是庶民，都要以修身为本，不能舍本而逐末。

修身的第一步就是"格物致知"。

☯ 格物致知

程颐说："格犹穷也，物犹理也。犹日穷其理而已矣。""格物"就是穷理。

朱熹这样论述"格物致知"："上而无极、太极，下而至于一草一木一昆虫之微，亦各有理。一书不读，则阙了一书道理；一事不穷，则阙了一事道理；一物不格，则阙了一物道理。须着逐一件与他理会过""天地中间，上是天，下是地，中间有许多日月星辰，山川草木，人物禽兽，此皆形而下之器也。然而这形而下之器之中，便各自有个道理，此便是形而上之道。所谓格物，便是要就这形而下之器，穷得那形而上之道理而已。"

朱熹反对佛教禅宗的随缘顿悟，提倡用格物的方法获取知识。

那西方哲学获取知识的方法论是什么？

法国理性主义哲学家笛卡尔提出了演绎法，通过逻辑推理来推导出知识。

英国经验主义哲学家休谟提出了归纳法，认为知识是从经验中获取的，通过观察大量同类事实，从中总结知识。

德国唯心主义哲学家黑格尔提出辩证法，通过正题—反题—合题的不断辩论获得知识。

法国实证主义哲学家孔德，提出了实证研究方法，提倡不去管什么本质，只要用具体工具测量两个东西的诸如速度、质量、电流等的数学值，然后找到两个东西这些数学值之间的关系就可以了。

这些是西方引以为傲的方法论。

那理学的格物方法究竟是怎么认识万物的道理呢？

朱熹认为格物，一是即物，就是要接触事物、观察事物，类似于西方的归纳法；二是穷理，就是要研究物之理，类似于西方的演绎法；三是至极，"格物者，格，尽也，须是穷尽事物之理。若是穷得三两分，便未是格物，须是穷尽得十分，方是格物"，即格物就是极致、穷尽万事万物，理有十分，必须穷尽到十分，穷得两三分不行，五六分不行，八九分也不行，只有穷尽到十分，才是极致，穷究其理，有点类似与黑格尔的辩证法，无限地正反合辩证下去就接近"绝对精神"。

可以看到，朱熹的格物论基本囊括了西方的哲学方法论。

朱熹不仅把理学推向鼎盛，使儒学的哲学化达到很高的水平，更有丰富的自然科学思想和知识。

朱熹涉猎广泛，对于医学典籍《黄帝内经》、天文学家张衡的《灵宪》和历代天文地理知识都有研究，特别是对北宋沈括的《梦溪笔谈》钻研尤深。

朱熹在《北辰辨》中专门讨论天球北极星座；在

《尧典》注中，讨论了当时天文学的岁差、置闰法等概念；在《舜典》注中详细记录了当时的浑天仪结构。

朱熹对地质学化石、宇宙起源、地心说、大地自转、日食与月食、潮汐、雪花六角晶体形状、雨虹等的形成、地理对气候的影响、农业技术等都有自己的见解。

现在看来，朱熹不仅是哲学家，也是一名科学家。

但是，理学始终把个人的修养放在第一位，格物致知的认识论主要用在了诚意、正心、修身、齐家、治国、平天下上，并没有普及到自然科学。

朱熹说："兀然存心乎草木、器用之间，此何学问！如此而望有所得，是炊沙而欲成饭也。"意思是如果放弃对天理（仁、义、礼、智、信）的追求，而只把精力花在草木、器用的研究上，那就如拿沙子做饭，像散兵游勇回不到老家一样，是舍本而逐末。

在一定程度上，儒家认为明明德、新民的道德修为和兼善他人比追求一事一理更重要。

用现在的话说，中国传统的儒家观念认为人的道德修为比科学技术更重要，道德修为是"本"，科学技术是"用"，是为人服务的，因此重心一直放在道德修养上。

明朝初期，中国的科技水平还处于世界的顶峰，到了明朝末期，中国的科技远远落后于西方先进国家。清朝被国外的坚船利炮打开国门时，中国人才意识到了科学技术的重要。

在很长一段时期里，中国社会以农业为主，儒家一直倡导重义轻利，通过道德修养来约束自我，克己复礼，维持社会良好运作。

在工业化与商业化的大潮中，英国的亚当·斯密写出了《国富论》，成为经济学的开山鼻祖，搞什么欲望的约束，利益是好东西，为什么要轻利？经济学家认为就是要赚取利润最大化，就是要最大化地满足消费者的需求和欲望。

一时间，经济学成为当代的显学，伴随工业化和商业化，科技进步也突飞猛进。

但在当今社会人们逐渐意识到，工业化、商业化和现代科技是一把双刃剑，给人类带来甜头的同时也带来了巨大的苦果，使人们不得不回头来反思儒家的倡导是否具有合理性？

☯ 知先行重

在八目中，格物、致知是"知"；诚意、正心、修身是"行"；齐家、治国、平天下是推己及人和兼善天下的"推行"。

那么"知"和"行"谁先谁后，哪个更重要？

"知""行"问题是贯穿中国哲学史的一个重要课题，最早在《尚书·说命》中记载，傅说就曾以"非知之艰，行之惟艰"来告诫商王武丁；《左传·昭公十年》也记录"非知之实难，将在行之"。这都在说明懂得一件事情并不难，难的是去践行，强调"行"比"知"更难、更重要。

关于"知"和"行"的关系，朱熹认为"知先行后""行重于知""知行互发"。

知先行后。朱熹用人在行走时眼睛（知）和脚（行）的相互依赖举例，说明当以知为先，只有知道何为善、何为恶，何为高尚、何为耻辱，才可能在修身中切实地去为善去恶，并不断地去追求崇高。

行重于知。论先后，当以致知为先；论轻重，当以力行为重。从知识来源上说，知在先；从实践效果上看，知轻行重。

知行互发。知和行不可分离，相互依赖、相互促进，"知之愈明，则行之愈笃；则知之益明"。

在《礼记·中庸》中，又详细阐述了"知"与"行"的方法："博学之，审问之，慎思之，明辨之，笃行之。有弗学，学之弗能弗措也；有弗问，问之弗知弗措也；有弗思，思之弗得弗措也；有弗辨，辨之弗明弗措也；有弗行，行之弗笃弗措也。"

意思是说：要广博地学习，详细地求教，慎重地思考，明白地辨别，切实地力行。不学则已，既然要学，不学到通达晓畅绝不终止；不去求教则已，既然求教，不到彻底明白绝不终止；不去思考则已，既然思考了，不想出一番道理绝不终止；不去辨别则已，既然辨别了，不到分辨明白绝不终止；不去做则已，既然做了，不确实做到圆满绝不终止。

博学、审问、慎思、明辨、笃行环环相扣、层层递进，更加丰富了理学知行的方法论。

主敬

在修养方面，朱熹主张"主敬"涵养。

"主敬"的工夫论是西方哲学所没有的，是中国哲学独具的魅力。

西方哲学通过演绎法、归纳法、辩证法等方法论认知自然规律。

　　理学认为单有方法论是不行的，必须要和"主敬"的工夫结合才能够认知规律。

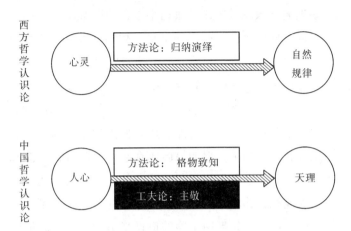

　　"主敬"之心确立，才能通过"格物"来达到"致知"，进一步穷尽事物的道理，也就是"尊德性而道问学"的工夫。

　　由"诚意""正心"到"修身"，确立先"修己"目标的方向。先"修己"，然后以安定百姓，用真诚庄重的工作，达到"齐家""治国""平天下"。这些无一能离开"敬"。"主敬"工夫，是圣人作学问自始至终的关键。

　　所以，主敬的工夫贯穿格物致知、贯穿知与行、贯穿明明德、新民与止于至善，也就是贯穿整个大学之道，主敬的工夫做不好，就达不到大学之道。

　　有方法论格物就够了呀！为什么还必须要有下"主敬"的工夫呢？

　　先秦荀子在《解蔽篇》就提出："'人心之危，道心之微'，危微之几，惟明君子而后能知之。"若拯人心之危，得道心之微，则证大道，得大智慧矣。

什么意思呢，荀子形象解释道："故人心譬如盘水，正错而勿动，则湛浊在下，而清明在上，则足以见须眉而察理矣。微风过之，湛浊动乎下，清明乱于上，则不可以得大形之正也。心亦如是矣。故导之以理，养之以清，物莫之倾，则足以定是非、决嫌疑矣。"

意思是说，人的心就像盘中的水，端正地放着而不去搅动，那么沉淀和污浊的渣滓就在下面，而清澈的、透明的水就在上面，那就能够用来照见胡须、眉毛并看清楚皮肤的纹理了。但如果微风在它上面吹过，沉淀和污浊的渣滓就会在下面泛起，清澈的、透明的水就会在上面被搅乱，那就不能靠它获得人体的正确映像了。人心也像这样啊。如果用正确的道理来引导它，用高洁的品德来培养它，外物就不能使它倾斜不正，那就能够准确地判定是非、决断嫌疑了。

所以，获取知识除了有方法论，还有高洁的品质来解除蒙蔽的心。商业时代的一些学者、科学家和管理者，方法论和知识是有的，但被金钱和物欲蒙蔽，只要给钱就扭曲事实，离严谨的科学研究十万八千里。

各行各业无论做什么，先正心诚意，好好地去研究学问、生产产品，如果还没开始做就满脑子在想着快速发财，那沉污的渣滓就会泛起，结果也不会好。

"主敬"是中国哲学伟大的创举，把自然科学与人文科学、规律认知与道德修养连接起来。

道心是指反映天理的善良之心。

人是由气与理结合而生成的，人心是"天命之性"与"气质之性"的结合，有善有恶。

人心要修养成道心，人心要认识天理，就必须做主敬的工夫。

"敬"到底是什么？

"敬"就是要惟精惟一地去存天理、灭人欲。

"惟精"就是要选择善良，"惟一"就是要固执地坚持下去。

"克服""心在""慎独"是在遏止人欲处下工夫，从而达到内心不被外物所牵，做到富贵不能乱我之心，贫贱不能变我之志，威武不能屈我之节操，以达到道明、德立的境界。

"心思""操存""戒惧"是在保存天理处下工夫，最后达到随心所欲也不会违背天理的境界。

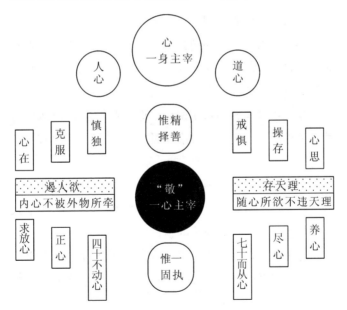

怎么样才能做到"敬"？

心是一身的主宰，而敬又是一心的主宰。只有掌握主敬专一、心不外适、没有邪避之心的方法，经常收敛本心，保持清醒的头脑，才能身体力行地穷尽道理。

"主敬"要从"弗达""交正""无适""主一"
"有间""有差"六个方面下工夫。

弗达——内静外敬，是基本的礼仪，包括静和动的
规范。

静：穿戴衣帽要端正，仰看、平视要保持尊严，居
住时要心中安静而专一，做人做事，无愧于遥遥相对的
上天。

动：行走的姿态一定要庄重踏实，举止仪表一定要
恭敬，弹琴、唱歌、舞蹈时，要选择合适的地方，在乘
马往返于像蚁穴那样曲折的小路中，也要能保持其奔驰
之势。

交正——要表里如一。

表：外出或工作要像去接待贵宾一样，严肃认真对
待承担的事，就像去参加祭祀典礼，谨慎小心的做事，
不敢有一点疏忽。

里：守口如瓶不随便说话，像筑起城墙一样地严防
邪念随时侵入心中，恭敬虔诚地对待一切，不敢有一丝
一毫的轻视。

无适——就是不到处乱跑、不要被干扰、不要分
心，不能以西而向东，不能以北而向南，按事物的本来
实际办事，而不要被外物的引诱以放失本心。

主一——将全部精力集中起来，不能没有二而说成
二，没有三而说成三，唯有心境的专一，才能把握住事
物的万变。

有间——如有短时间的背离，也会产生出千万种私
心杂念，那就如同没有接触火而感到热，没有碰到冰而
感到寒冷一样躁怒忧惧。

有差——一旦有一丝一毫的差错，也会造成天地那

样远的差别。如果三种道德纲常既然已经被淹没，那么九种治国大法也就被败坏。

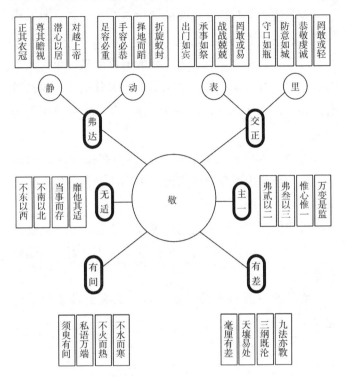

☯ 理学的评价

理学是儒学在封建社会达到的顶峰。

理学的"继天立极""秉承天理"为人类树立了最高准则。

人们学习道德修养的目的就是"为天地立心，为生民立命，为往圣继绝学，为万世开太平"！

这是非常伟大的价值观，比起西方的"自由、平等、博爱"毫不逊色！

理学提出了格物的方法论，不仅适合认识人事社会，也可以用于探索自然科学！

理学提出了相当了不起的"主敬"工夫论，是对中国哲学、对世界的独特贡献！

理学不就是存天理、灭人欲的道德说教，束缚人的道德礼教，维护帝王统治的宗教嘛，有什么好？要是没有这些"卫道士"，说不定中国会一直处于世界领先地位呢？

的确，到现在为止，还有许多人在批评朱熹的理学，认为正是由于理学的束缚，中国从宋代开始走向内向、保守、停滞。

可我们要知道，宋代的思想百花齐放，理学只是其中一个学派，很长一段时间朱熹的学说还受到宋朝朝廷的排斥。

所以把中国的落后归罪于哲学家头上是非常不合理的。

中国从宋朝开始埋下了衰弱的种子，这天命运程不要说哲学家没办法，就是神仙也无法扭转。

宋人的感情是非常纠结和复杂的。他们不像汉唐那样霸气地征服亚洲，他们被契丹压着，失去北方领土，痛苦不堪。

赵匡胤杯酒释兵权，没有经历武力斗争，为了防止兵变，他当上皇帝就重用儒生文员。这一定程度上造成了文人看不起军人，贬低一切尚武政策。

军人胜利时，文人嫉妒，站在和平和不侵掠的道德角度批评军人。军人战败，文人站出来说："看吧，好战必败，活该！"文人治国，每当敌人入侵时，就采取绥靖和怀柔政策。

到了元代，蒙古人启用理学，也只是用来缓解"华夷之辨"。视野开阔的元代并不重用儒家，更不喜欢固执的儒生，反而更喜欢道和佛。

现在很多人排斥元代，很大程度上是因为历史上儒生对元代的不满，元代的国际化程度、经济发达程度不差于历代封建社会，这可以从马可波罗的描述中得到证实。

元代相对来讲更开放，尊重各种神明，宽容对待各种教派，当然对儒家和儒生也比较宽容，儒家和儒生的自由度还是比较大的。

儒家自由是自由，但就是不受重用，这是儒家不满元代的一个重要原因。

元代虽然物质丰富、经济发达、开放、多元、包容，但在精神层面带给中华文明的打击是巨大的。元代给中国蒙上被外族完全征服的耻辱，整个民族很受伤害，开始害怕、胆怯、不信任外部世界。

中国从明朝开始就把受伤的心包裹起来，失去了自信，再也无法唤起先秦那样的创造力，再也没有秦、汉、唐那样的四方征服、雄霸天下的气概。

朱元璋把蒙古人赶出北京，就在想怎么治理国家。

朱元璋看不起那个懦弱的宋，就找到了比宋伟大且最近的唐作为榜样，模仿唐律，继承汉唐遗产。

永乐皇帝迁都北京，想要夺取外蒙的控制权，儒家又跳出来讲和平的道理。

永乐信佛，他下令编辑儒家经典，并把朱熹理学定为官方哲学。

中国的落后是在明朝完成的，明初的技术与西方是同一水平，明末就远远落后。

明末危机重重：当时的自然灾害、官场的腐败、关内的李自成、关外的满人、海上的日本人，终于这个王朝在多重压力下崩塌了。

文人都在骂李自成，因为他不重用读书人，断绝了读书人的功名之路。

而康熙很会拉拢人，他虽然看不上儒生，但他要利用儒生。

1662年清朝摄政王大臣颁发诏令：科举考试主要根据士子的文学创作来评价，主要内容就是阐释朱熹的理学教义。

这下很多读书人高兴了，这多好，背好四书，写好八股文，就有黄金屋和颜如玉。

然而当时稍有骨气的文人都被文字狱迫害，理学的原本思想也大量被删改。

文人被清朝搞成了废人，可他们还高兴地把康熙认为是儒家心中的完美皇帝。

人们常常骂朱熹的理学限制了中国人，这是骂错了，限制中国人的是清朝统治者，不是朱熹和他的哲学。

朱熹并不是拍马逢迎的文人，他提出的"品德修养"是上到皇帝下到庶民需要学习的必修课，就连皇帝也要正心诚意对待。

宋孝宗即位，诏求臣民意见。朱熹应诏上封事，力陈反和主战、反佛崇儒的主张，详陈讲学明理、定计恢复、任贤修政的意见。

隆兴元年，朱熹应诏向宋孝宗面奏三札：一札论正心诚意、格物致知之学，反对老、佛异端之学；二札论外攘夷狄之复仇大义，反对和议；三札论内修政事之道，反对宠信佞臣。

朱熹的抗金主张没有被朝廷采纳，却被任命为国子监武学博士。朱熹辞职不就，请祠归崇安。

既然理学这么好，那中国的科技为什么还会落后于西方？

科技发明是科学家的事情，没有一流的科学家就难有一流的科学。把科技落后于西方归罪于哲学家是不合理的。

当时中国没有厉害的科学家是中国封建社会全面落后与西方工业社会的原因。

儒学有功于中华民族的延续。中国文化的生命力离不开儒家的文化自觉和历史意识，孔子最早整理了尧、舜、禹三代以来的文化，确立了儒家经典，建立起了文化传承的使命感。

唐宋以来，儒家形成了道统意识，"仁、义、礼、智、信"成为中华的核心价值，国家的统一成为历代国人坚定不移的信念。

而现代的文明、民主的社会，一旦和中国的哲学结合，前途将不可估量！

第十二章

王阳明心学：良知就是天理

王阳明

☯ 龙场悟道

与朱熹同时代的南宋哲学家陆九渊是心学的创始人。他比朱熹小9岁，两人就天理独立于人心，还是天理就是人心，通过书信进行了长期争辩。

朱熹和陆九渊相约在信州鹅湖寺切磋，陆九渊主张发明本心，认为本心之性千古不变，心是一切道德价值的根源；而朱熹则认为人要通过学问才能致知，要以天理统领人心。这就是中国哲学史上有名的"鹅湖之会"。

鹅湖约会朱陆争辩了三天，观点始终没得到统一。陆讥朱的观点为"支离"，说朱熹格物弄了一大堆"理"，就像床上叠床，屋下架层一样烦琐冗余。而朱熹则批评陆九渊"陆子静之学，看他千病万病，只在不知有气禀之杂"，朱说陆不知道人是气体构成的，还以为人心就是一切呢。

到了明代，王阳明继承并发扬了陆九渊的学说，构建了"吾心之良知即天理"的心学体系，也称陆王心学。

在王阳明生活的明代，朱熹的理学已经流行了两百多年，是当时社会的主流哲学。

理学倡导"格物致知"，"格物"就可以从万物中发现天地宇宙的道和理。

18岁的王阳明实践"格物致知"，去"格竹子"，盯着院子里的竹子坐了七天，竹子的道理没有格出来，人倒下了，大病一场。

这个故事真假难辨，但广为流传，用来讽刺格物的空谈和理学的迂腐。这样的讥讽是有偏差的，朱熹所讲的"格物"方法并不光是盯着看，现代科学研究同样也不光是盯着看就能找到规律的。

朝廷要考四书，一般读书人就拼命去认可、学习、背诵。

但王阳明不是一般的读书人，他有强烈的质疑精神。理学这么多繁复庞杂的修养准绳让人压抑，王阳明开始怀疑理学这套复杂严密的体系。

朱熹提出天理，然后用他的天理推出一套三纲八目的道德规范和修养准则，要求上至皇帝、下至百姓人人遵守，把人压得透不过气来。王阳明开始质疑朱熹的理论，思考天理究竟是个什么玩意。

王阳明哲学的出发点就是在思考这个天理究竟是什么东西，真的是朱熹所说存在于宇宙开始、不依赖于人类、独立于人类之外的那种天理吗？

王阳明怀疑朱熹对天理的解释，他开始出道入佛，寻找真正的天理。

他跟和尚讨论什么是天理，和尚说是佛；跟道士讨论什么是天理，道士说是道。他思考了很多年，还是没有得到答案。

28岁的王阳明参加礼部会试成绩优异，赐二甲进士第七人，观政工部。此后依次担任过刑部主事和兵部主事。

35岁的王阳明上疏论救，而触怒宦官刘瑾，被杖四十，流放至贵州龙场当龙场驿栈驿丞。

"连峰际天，飞鸟不通"的龙场，四周是崇山峻岭，常有猛兽、毒蛇出没；附近居住的是难以交流的苗族。

王阳明在山洞中住下，开垦荒地种菜种稻。他的诗《西园》讲述了龙场生活。

西园

方园不盈亩，蔬卉颇成列。

分溪免瓮灌，补篱防豕蹢。

芜草稍焚薙，清雨夜来歇。

濯濯新叶敷，荧荧夜花发。

放锄息重阴，旧书漫披阅。

倦枕竹下石，醒望松间月。

起来步闲谣，晚酌檐间设。

酣时藉草眠，忘与邻翁别。

从高位跌落，遭遇如此重大的打击，不失落灰心的能有几人？

而王阳明却"素位聊无悔"，荣辱皆忘，在青山绿水、清风明月中养心、治心，思考着格物致知、修身治国的道理。

他37岁时，一天夜里，王阳明"忽中夜大悟格物致知之旨，不觉呼跃而起，从者皆惊。始知圣人之道，吾性自足，向之求理于事物者误也"。

这就是著名的"龙场悟道"，从此心学诞生了，格物致知也被赋予了新的含义。

☯ 心即理

天理在哪里？天理由谁规定？

王阳明龙场悟道后，总算有了答案——心即理。天理不是外部先天就设定好的条条框框，天理是人心构造的，天理就在人心中啊！

王阳明想：什么太极呀、无极呀、天理呀、阴阳呀，我也没法验证，理学家想怎么说都可以；但我只知道我的内心才是客观的，我心里的东西才是我能感受到的，才是真实存在的，才是真正的天理！

王阳明吸收了宋代陆九渊的思想，认为天理不是来自于什么人类外部的、独立于人类而存在的、人还没产生的时候就有的东西。他认识到天理、人理、物理只在吾心中，提出"宇宙便是吾心，吾心即是宇宙"。

朱熹认为，天理是万物的本原，理独立于人心存在，所以朱熹的学问叫"理学"。

朱熹说天理就是太极，太极生阴阳、阴阳生五行、五行生万物，然后万物都是按照这个天理运行，做学问就是要找到天理，做人就要修养道心遏制人欲，从而符合天理。

那这个天理和太极是什么东西？

唯心主义、唯物主义，是现代西方哲学的观点，法国哲学家笛卡尔提出了"身体"和"心灵"分裂的二元论，从此以后西方哲学家开始争论世界的本原到底是"物质"还是"精神"。世界本原是物质类的东西（如金、木、水、火、土，气、原子、分子等）构成的就是唯物主义，承认世界本原是一种精神类的东西构成的就是唯心主义。如果认为世界是上帝创造的，世界的本原是上帝，那就叫作宗教。

有人觉得，朱熹理学的本质观同道家老子和西方哲学家黑格尔的本质观相似，认为世界的本质是独立于人之外的，不受人影响的"天理""道""绝对精神"之类的东西。

按照西方哲学唯心唯物的划分，可以把朱熹的理论划分到客观唯心主义。朱熹说世界的本原是"天理""太极"这类东西。而这类东西是无极（无始无终、无形无象、无情无欲、无声无色、无臭无味），那就不是物质类的东西，而属于精神一类的东西，也就是说朱熹认为世界的本原是精神的，而不是物质的，所以是唯心主义。朱熹说的天理是宇宙开始就有的（客观的），不是人自己想出来的（主观的），所以说朱熹的哲学勉强是客观唯心主义。

事实上，朱熹的理学并不是客观唯心主义。朱熹除了提出了"理"，还提出了"气"，"气"是一种物质类的东西。

王阳明认为，心是万物的本原，心就是天理。"心外无物""心外无理"，心是唯一的实在，所以王阳明的学问叫"心学"。

心学一般认为世界的本原出于"人心"，也是精神类的东西，是出于人的（主观），于是有人按照西方哲学唯心唯物的划分，把心学勉强划分为主观唯心主义。

事实上，心学并不是唯心主义。王阳明说心外无物、心内无我，打破了物我对立、主观客观对立，认为物我、主客观是一体的。

朱熹理学和王阳明心学既不是唯物主义也不是唯心主义，那是什么呢？

唯物和唯心主义是西方人僵化的二分法哲学，中国哲学没有唯心、唯物的说法，也从来没有去费心地争论过唯物和唯心。

中国哲学看来，唯心和唯物并不是对立的，人离不开物，物离开人无法被认知，物我是一体的，主观客观也是一体的，既唯物又唯心，既不唯物又不唯心，唯心就是唯物，唯物就是唯心，这是西方哲学家难以弄明白的。

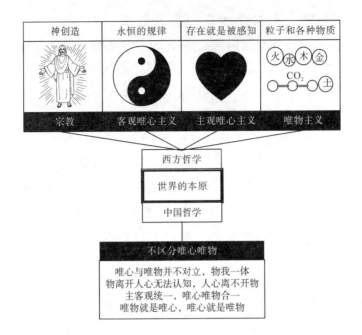

致良知

"致良知"是王阳明哲学的核心，他说："吾平生讲学，只是致良知三字。"

朱熹认为存在客观的天理，所以认识天理要格物致知，通过格物来认识世界、获取知识；人要修身养性遏制人欲去符合天理（道心），让道心来统领人心。

王阳明却认为心就是理，人心就是天理，人心就是道心。本来就是一个东西，还谈什么统领，所以在王阳明这里"天理"与"人欲"的矛盾缓和了。

朱熹认为天理在人之外，所以要格物修身，从外部求得天理。他提出要"格物、致知、诚意、正心、修身、齐家、治国、平天下"，才能"明明德、新民、止于至善"，才能达到大学之道，才能成为圣贤。

而王阳明认为天理就是人心，朱熹苦读圣贤书、向外格物求天理，根本就是舍本逐末。心就是理，天理不需要多读书向外求，"六经注我，而非我注六经"。"人人自有定盘针，万化根源总在心。却笑从前颠倒见，枝枝叶叶外头寻。"天理从自己心里即可得到，只要有一念向善，心存良知，虽凡夫俗子、皆可为圣贤。

王阳明说，"夫万事万物之理不外于吾心""心明便是天理"。"意在于事亲，即事亲便是一物；意在于事听言动，即事听言动便是一物。所以某说无心外之理，无心外之物。"（《传习录》上）"且如事父，不成去父上求个孝的理；事君，不成去君上求个忠的理；交友治民，不成去友上民上求个信与仁的理。都只在此心，心即理也。"（《传习录》下）

王阳明的很多词汇都是来自理学，但和理学中词汇的意思并不一样。

王阳明也讲格物致知，他和朱熹所说的格物致知字面上一致，但完全是不同的意义。

朱熹的格物致知是要通过即物、穷理、至极、博学、审问、慎思、明辨来学习知识、认识天理。而王阳明的格物致知是要革除恶欲达到良知。

朱熹的"格物"是观察、思考、分析具体事物；王阳明的"格物"指的是"格心"，革除恶欲。

朱熹的"致知"是要获取知识，达到天理；王阳明的"致知"是达到良知。

在道德修养上，理学与心学有异曲同工之妙，朱熹提倡"存天理（道心）、灭人欲"；王阳明提倡"存天理（良知）、去恶欲"。

王阳明的四句教：

无善无恶心之体，有善有恶意之动，

知善知恶是良知，为善去恶是格物。

无善无恶，没有被私心物欲遮蔽的心就是天理，就是良知。意思是良知是心的本体，心就是理，也就是说良知就是天理。

心＝良知＝天理

当人们产生意念活动的时候，把这种意念加在事物上，这种意念就有了好坏、善恶的差别。

良知是无善无恶没有被私心物欲遮蔽的心，也是判断善恶的标准，通过良知能够知善知恶，格物就是要按照良知去行动、去为善去恶。

在《传习录中·答顾东桥书》中王阳明说："若鄙人所谓致知格物者，致吾心之良知于事事物物也。吾心之良知即所谓天理也，致吾心良知之天理于事事物物，则事事物物皆得其理矣，是合心与理而为一者也。"

"天理"就是存在于内心的"良知"，认识事物的根本方法是"致良知"，要用"良知"做标尺去衡量一切事物，这样就能认识事物的道理。

那么，古今中外人们的良知一样吗？

王阳明说良知就是天理，所有人的良知是一样的、是没有差异的，良知是永远不会变的。"千古圣贤，若同堂合席，必无尽合之理。然此心此理，万世揆也。""千万世之前有圣人出焉，同此心，同此理也；东南西北海有圣人出焉，同此心，同此理也。"

那么良知会有偏差吗？良知会不会把善的当成恶的，恶的当成善的？

善恶不分出现偏差，其实不是良知错了，而是人心被欲望、贪婪、虚荣蒙蔽了。

朱熹也说人心被私欲和物欲蒙蔽，他是说向外求天理的过程，不解蔽就不能准确格物，不能致知，不能认识天理。怎么解蔽呢？朱熹因为要下"主敬"的工夫。

王阳明说向内求良知（天理）的过程，人心若是被私欲和物欲蒙蔽，就不能达到良知（致良知）。

那怎样才能唤醒良知、达到良知呢？

王阳明提出了致良知的两种方法：静养和克己（事上磨）。

静养也叫内省，就是要做减法，减少私欲、减少各种物欲对内心的束缚，拂除各种灰尘对内心的蒙蔽，与自己的真心交流、聆听内心最真实的声音，回归本真。

光有静养是不够的。陆澄问王阳明："清静的时候，便觉得心境泰然，但一遇到事情，感觉就不一样了，怎么办呢？"王阳明说："这是只知道静养，不知道做克除私心杂念工夫的缘故。这样来对待事情，心境便会反反复复。人必须在事上去磨炼，这样才能清静时也安定，变动时也安定。"

人们在学习、工作中反复磨炼，克除自己的私心杂念，便可以致良知。

☯ 知行合一

良知要靠"内省"、要靠"行"（事上磨）才能得来，这就是王阳明的"知行合一"。

王阳明哲学的特殊之处就在于"良心就是天理""知行合一"。

一般人们认为主观就是主观，客观就是客观，一个是我自己心里想到，一个是外部独立存在的，两个根本就不一样。

但王阳明认为良知就是天理，那么良知既是存在我心里主观的意念，又是外部事物运作的客观的道理，也就是说在王阳明这里，主观和客观是一样的，主观就是客观，主观和客观没有分别，这和现代量子力学的理论十分相似。

朱熹认为知先行后，知轻行重，无论如何，他认为"知"和"行"是两码事，不管是先后，还是轻重，"知"就是"知"，"行"就是"行"，"知"不等于"行"，"行"也不等于"知"。

很多人误解了王阳明的"知行合一"，认为"知行合一"的意思就是"理论要联系实际"，这样的解释不符合王阳明的本意。王阳明的"知行合一"是说"知"和"行"是一回事。

王阳明在《传习录》中说："今人学问，只因知行分作两事，故有一念发动虽有不善，然却未曾行，便不去禁止。我今说个知行合一，正要人晓得一念发动处，便即是行了。发动处有不善，就将这不善的念克倒了，须要彻根彻底，不使一念不善潜伏在胸中，此是我立言宗旨。"

可以看到，一念发动处的"知"，就是行了。举例来说，有偷窃的念头就是偷窃的行为了。

因畏难而不往，则便是其心被私欲所蔽，虽有良知而不能致之，空只有"知"而无所"行"，则良知不能致之、不能行之，等若无良知。

王阳明在批评"知先行后"时说："心虽主于一身，而实管乎天下之理；理虽散在万事，而实不外于一人之心。……外心以求理，此知行之所以二也。求理于吾心，此圣门知行合一之教，吾子又何疑乎？"

"知行如何分得开？""知之真切笃实处即是行，行之明觉精察处即是知。"

王阳明的"致良知"就是要致吾心之良知于事事物物，从而完成由内向外的认识路线，所以"知"和"行"并没有分别，是一体的。

王阳明说："知是行的主意，行是知的工夫；知是行之始，行是知之成。"他又说："知者行之始，行者知之成。圣学只一个工夫，知行不可分作两事。"（《传习录上》）

意思是"知行"只是一个工夫，不能割裂。所谓"工夫"，就是认知与实践的过程。"知行"关系是辩证统一的："知"是"行"的出发点，是指导"行"的，而真正的"知"不但能"行"，而且是已在"行"了；"行"是"知"的归宿，是实现"知"的，而真切笃实的"行"已自有明觉精察的"知"在起作用了。"知行"工夫中"行"的根本目的是要彻底克服那"恶念"而止于至善。

"心就是理""心外无物""心外无理"，不仅"知"和"行"是没有分别的，就连"主观"和"客观"也是没有分别的。

"心者身下主宰，目虽视而所以视者，心也；耳虽听而所以听者，心也；口与四肢虽言动而所以言动者，心也""凡知觉处便是心"。"我的灵明（心）便是天地鬼神的主宰""离却我的灵明，便没有天地鬼神万物了。"（《传习录》）"位天地，育万物，未有出于吾心之外者。"（《紫阳书院集序》）这和西方哲学家康德的观点是一样的，"人是万物的尺度"，即离开人谈论客观规律是没有意义的。

王阳明游南镇，一友人指岩中花树，问曰："天下无心外之物，如此花树在深山中自开自落，于我心亦何关？"王阳明回答说："你未看此花时，此花与汝心同归于寂；你来看此花时，则此花颜色一时明白起来，便知此花不在你的心外。"

王阳明的哲学以"心"为本体，也就是说，人们所见、所闻、所感、所想，人们脑子里的全部，就构成了人们认为的全部世界。除此以外，对人来说，不存在另外一个什么所谓"客观""真实"的世界。因为人类的自身的结构只能了解到他们所感受到的世界，那个客观真实的世界即使存在对人来说也没有任何意义。这与英国哲学家贝克莱提出的"存在即被感知"是一个意思。

心与理是同一个东西，知与行是同一个东西，主观与客观是同一个东西。

心学心外无物，心内无我，打破了物我对立，这就是物我一体。

王阳明既是唯心的——心外无物，又是唯物的——心内无我，既是唯物又是唯心，物我一体，这是西方哲学没有也难以解释的。

西方人喜欢用逻辑思维，二分法，他们认为非黑即白。如果你问他们好不好，忙不忙，对不对，只会得到两个答案好或不好，忙或者不忙，对或者不对。

要回答又好又坏、不好不坏；又忙又不忙；又对有不对，有对又不对，西方人会觉得不符合逻辑或者没原则。

但中国哲学认为两个对立面的东西是共存的，是相互转化的，很多事情大多时候就处于黑白地带，既黑又白，不黑不白，时黑时白，黑白会转化。

唯心还是唯物在中国哲学中根本不是问题，所以中国哲学从来不区分，也不探讨唯心主义还是与唯物主义。

现代的量子科学，包括西方最新的解构主义哲学，都认识到主观与客观是一体的，是区分不开的。

这节用一首小诗结尾：

你在我面前出现时

你我目光相遇的那一刹，你我互相在对方的心灵里诞生了

当你觉得我矮的时候，你的高显现了

当你觉得我丑的时候，你的美显现了

当你觉得我穷的时候，你的富显现了

当你觉得我善的时候，你的恶显现了

我就站在这大众面前

我观察着过往的人

过往的人也看到了我

我投出善意的眼神，他们的内心浮出欣慰

我抛出鄙视的神情，他们的内心感到愤怒

我表现可怜的样子，他们的帮助欲被激起

我一副求知的样子，他们的指教欲被催发

我像一颗投入人海的石子

搅动了人们的心海

我们互相投射、互相影响

☯ 心学的评价

朱熹的理学有机融合了从远古的《易经》到宋代的儒释道思想，构建起规模宏大、条理清晰、严谨完善的哲学大厦。

理学既适合认识人事社会，又适合探究自然科学，有先进的方法论和极强的解释力。

而这种看起来接近完美、天衣无缝的哲学一旦当作官方哲学被强行推广就会变成一座有力的思想监狱，后世的知识分子要历尽艰辛才能从中逃离。

理学被上升到国家哲学后，庞大复杂的哲学体系统治和占据社会的思想意识，漫长的三纲八目、繁多的修身原则、不断地遏制人欲的说教，让整个思想界变得很机械、很压抑。人们逃不出、也不敢逃出朱熹编制的完美思想牢笼。

王阳明是了不起的人物，他挣脱了朱熹的牢笼，他的心学一经提出，就解放了人们的思想，让人们的道德修养变得简单、易行。人们可以不用拼命读书格物向外求，只要按照自己的良知行事即可，极大地解放了社会的思想，缓和天理与人欲的矛盾，获得了社会广泛的青睐。

王阳明不但是心学的集大成者，而且一生事功也是赫赫有名，能够立德、立功、立言，其思想虽久不废，是三不朽人物。

从诸如"吾心即天理，人人可成圣贤"等王阳明的论述中，可以体会到心学是非常酷、非常豪放的，完全打破了保守的气息，教人不违良知而潇洒于天地间。

王阳明豪情壮志，即兴赋诗："万里中秋此月明，不知何处亦群英。应怜绝学经千载，莫负男儿过一生。影响犹疑朱仲晦，支离羞作郑康成。铿然舍瑟春风里，点也虽狂得我情。"

王阳明的心学影响十分深远。王艮、李贽、黄宗羲、顾炎武、王夫之等皆为心学门人。毛泽东和蒋介石也很喜欢心学。

日本德川幕府末年，将心学作为日本维新志士解放思想的武器，开启了吸收西方科学文化的新风。梁启超曾说："日本维新之治，心学之为用也。"

但也要看到，王阳明的"良知就是天理""致良知""知行合一"主要还是在说道德修养，和佛教的思想有很多相似性。

王阳明的"知"是指的是"良知"，是道德的知，而不是科学知识，心学对研究自然科学的贡献很小，无法从道德层面推及至科学层面，还没有形成一个完整的哲学体系，只能说是明代流行的一种哲学主张，给当时压抑的思想界带来一丝清凉，但仍然没能撼动理学的权威地位。

鸦片战争以来，传统文化的重要性不断被贬低。五四新文化运动后，人们不仅认为传统文化不足以振衰起弊，更是严重阻碍了国家的现代化，中国哲学被视为封建礼教、落伍于时代的糟粕，中国哲学的命运变得日益坎坷。

第十三章

孙中山现代儒学：

中西文明的融合

孙中山

☯ 中西融合

清朝末年，随着政府衰败和西方列强的侵入，中华民族饱受摧残，进入千年未有的变局。

在前所未有的大变局中，儒家思想该何去何从？

当时政治界和思想界出现三类观点：第一类是保守派，泥古不化，提倡"中学为用、西学为体"，拒绝一切改革，认为中国的管理和体制是最好的，只学习西方的科学技术就可以了；第二类是改造派，以康有为著述《新学伪经考》《孔子改制考》为代表，用历史进化论附会《春秋公羊学》，宣称人类社会是按照"据乱世""升平世"和"太平世"的顺序演变的，相对应的是君主专制时代、君主立宪时代和民主共和时代，他们以此论证变法维新的必然性，要求保留皇位先完成君主立宪；第三类是对儒家彻底抛弃的否定派，提倡全面西化。

洋务运动让人们认识到单纯引进西方先进的技术并不能挽救危亡的国家；戊戌变法的失败也使保皇党实行君主立宪制的幻想破灭。

无数仁人志士从中央帝国的睡梦中惊醒，开始向西方寻求救国救民之道，拉开了中国现代化的序幕。

辛亥革命让国民看到了国家独立、民族复兴的曙光。

这一时期，为求救国救民，民族主义、民主主义、君主立宪、社会主义、无政府主义、国粹主义、实业救国、马克思主义等各种思想纷至沓来。

五四运动中爱国青年，无不以新思想，为将来革新事业做准备。言论自由的时期，各种新出版刊物层出不穷，各类思想纷纷应时而出，扬葩吐艳。

同时，全面否定儒家思想的潮流席卷而来，众多政客和知识分子随着大潮对传统文化发起了猛烈的攻击。

孙中山富有远见卓识和非凡勇气，他知道中国传统文化与西方先进思想同样重要，两者也并不矛盾，中国传统文化是民族发展的根脉和魂魄。

孙中山对新文化运动给予了充分的肯定："在我国今日，诚思想界空前之大变动，……遂致舆论放大异彩，学潮弥漫全国，人皆激发天良，誓死为爱国之运动。倘能继长增高，其将来收效之伟大且久远者，可无疑也。吾党欲收革命之成功，必有赖于思想之变化。兵法'攻心'，语曰'革心'，皆此之故。故此种新文化运动，实为最有价值之事。"

针对青年盲目崇拜西方文化，全面否定儒家学说，孙中山对此提出了批评："近年来欧洲盛行的新文化……，都是我们中国几千年以前的旧东西。……我们中国的新青年，未曾过细考究中国的旧学说，便以为这些学说就是世界上顶新的了，殊不知道在欧洲是最新的，在中国就有了几千年了。"

"讲到中国固有的道德，中国人至今不能忘记的，首是忠孝，次是仁爱，其次是信义，其次是和平。这些旧道德，中国人至今还是常讲的。但是，现在受外来民族的压迫，侵入了新文化，那些新文化的势力此刻横行中国。一般醉心新文化的人，便排斥旧道德，以为有了新文化，便可以不要旧道德。不知道我们固有的东西，如果是好的，当然是要保存，不好的才可以放弃。"

"讲到孝字，我们中国尤为特长，尤其比各国进步得多。《孝经》所讲的孝字，几乎无所不包，无所不至。现在世界最文明的国家讲到孝字，还没有像中国讲的这么完全。所以孝字更是不能不要的。国民在民国之内，要能够把忠孝二字讲到极点，国家便自然可以强盛。"

"仁爱的好道德，中国现在似乎远不如外国。中国所以不如的原故，不过是中国人对于仁爱没有外国人那样实行，仁爱还是中国的旧道德。我们要学外国，只要学他们那样实行，把仁爱恢复起来，再去发扬光大，便是中国固有的精神。"

孙中山秉持至诚至正大公的态度给予中国文化充分肯定的评价，没有因国内外潮流和形势的改变而动摇对中国文化的认可。

孙中山十岁入村塾，习四书五经，后来到夏威夷开始一段漫长的海外求学之路，具有中西融合的基础。

在对待中西文化上，孙中山认为，"将取欧美之民主以为模范，同时仍取数千年前旧有文化而融贯之"。他将近代西方先进思想和儒家思想的融合，是中西文化的集大成者。

他赞扬理学的"八目"："中国有一段最有系统的政治哲学，在外国的大政治家还没有见到，还没有说到那样清楚的，就是《大学》中所说的'格物、致知、诚意、正心、修身、齐家、治国、平天下'那段话。"

孙中山把民主思想与儒家哲学结合，使儒家思想脱离封建制度，走向了现代民主社会，实现了儒学的现代化，这是对中国哲学最伟大的丰功伟绩。

"发扬吾固有之文化，且吸收世界之文化而光大，以期与诸民族并驱于世界，以驯致于大同。"孙中山既强调"学习外国之所长"，又强调"发扬吾固有之文化"，二者缺一不可。唯有"恢复"与"发扬光大"民族固有的道德精神，然后固有民族地位才可以"图恢复"。

"但是恢复了我们固有的道德、知识和能力，在今日之世，仍未能进中国与世界一等的地位，如我们祖宗之当时为世界之独强的。恢复我一切国粹之后，还要去学欧美之所长者，然后才可以和欧美并驾齐驱。"

孙中山说："余之谋中国革命，其所持主义，有因袭吾国固有之思想者，有规抚欧洲之学说事迹者，有吾所独见而创获者。"

以儒家传统为本，兼收西方民主思想之长，因袭、规抚、创立了中西文化的交融——三民主义：民族、民权、民生。

他说："我们三民主义的意思，就是民有、民治、民享。这个民有、民治、民享的意思，就是国家是人民所共有，政治是人民所共管，利益是人民所共享。"还说："吾所主张的三民主义，实是集合中外的学说，顺应世界潮流，在政治上所得到的一个结晶品。"

☯ 振兴中华

孙中山有儒家的报国情怀，第一个喊出了"振兴中华"的强音，立下了扶将倾之中华大厦的雄志，为国家与民族的强盛和发展而立下宏愿。

"驱除残贼，再造中华，以复三代之规，而步泰西（西方国家）之法"。孙中山针对满人入主中原后以落后弱小的民族统治一个地域广大人口众多的汉民族，提出民族主义。

儒家民族主义有一个传统就是严夷夏之防或明华夷之辨。

儒家非常注重这一点，认为这是文明与野蛮的分野，也是中华民族保持其文明的生活必须坚守的阵线。

最早在《尚书·舜典》中出现"蛮夷猾夏"的论述。

孔子对管仲攘夷之功大肆称赞说，"如其仁，如其仁""民到于今受其赐，微管仲，吾其披发左衽矣"。

但夷夏之防或华夷之辨某种程度上不利于中华民族的团结。

孙中山先生对于儒家的民族主义思想进行了发展："余之民族主义，特就先民所遗留者，发挥而光大之；且改良其缺点，对于满洲，不以复仇为事，而务与之平等共处于中国之内，此为以民族主义对国内之诸民族也。对于世界诸民族，务保持吾民族之独立地位，发扬吾固有之文化，且吸收世界之文化而光大之，以期与诸民族并驱于世界，以驯致于大同，此为以民族主义对世界之诸民族也。"

从此，儒家的民族主义从古代的民族主义进化到了现代民族主义和国际主义。

孙中山的民族主义主张不能让一个民族受制于另一民族，如果没有民族独立与发展，就没有民族之间的交流与和平共处。辛亥革命后不是将满洲人驱逐出中原，而是实现五族共和、平等相处。

☯ 天下为公

孙中山把民主思想和儒家哲学结合提出了民权

主义。

"中国自有历史以来，没有实行过民权，就是中国（在辛亥革命之后）十三年来也没有实行过民权。但是我们的历史经过了四千多年，其中有治有乱，都是用君权。到底君权对于中国是有利或有害呢？中国所受君权的影响，可以说是利害参半。但是根据中国人的聪明才智来讲，如果应用民权，比较还是适宜得多。所以，两千多年前的孔子、孟子便主张民权。孔子说：'大道之行也，天下为公'。便是主张民权的大同世界。又'言必称尧舜'，就是因为尧舜不是家天下。尧舜的政治，名义上虽然是用君权，实际上是行民权，所以孔子总是宗仰他们。孟子说：'民为贵，社稷次之，君为轻。'又说：'天视自我民视，天听自我民听。'又说：'闻诛一夫纣矣，未闻弑君也。'他在那个时代，已经知道君主不必一定要的，已经知道君主一定是不能长久的，所以便判定那些为民造福的就称为'圣君'，那些暴虐无道的就称为'独夫'，大家应该去反抗他。由此可见，中国人对于民权的见解，二千多年以前已经早想到了。"

"从前是一人做皇帝，现在四万万人作主，就是四万万人做皇帝，虽然没有见过，但是老早便有这种理想。譬如孔子说：'天下为公'。又有人说：'天下者，是天下人之天下也'，就是这个理想。我们革命是实行三民主义，也就是这个思想。"（《三民主义》）

民权主义就是人民当家做主，孙中山的民权主义思想有两大源头：一是中国自古以来的儒家民本思想，一是欧美民主国的理论与实践。

什么是民权主义，它和民族主义有什么不同呢？

孙中山作了一个形象的比喻：民权主义的道理和民

族主义差不多，民族主义是对外打抱不平的，民权主义是对内打抱不平的。国内有什么不平的大事呢？就是有了皇帝或者军阀、官僚的专制，四万万人还是不能管国事，还是做他们少数人的奴隶。像这样压迫的不平，和外国人的压迫也是一样的。所以对国内的专制打不平，便要应用民权主义，提倡人民的权利。提倡人民的权利，便是公天下的道理。公天下和家天下的道理是相反的。天下为公，人人的权利都是很平的。到了家天下，人人的权利便有不平。这种不平的专制，和外族来专制是一样的。所以对外族的打不平，便要提倡民族主义；对国内的打不平，便要提倡民权主义。

那如何实现民权呢？

为实现主权在民的政治理想，孙中山对西方近代三权（立法、司法、行政）分立进行了升级改造，提出一个"五权分立"的原则，在美国三权分立的基础上，增加考选权和纠察权。

考选权和纠察权一直就存在于中国政治体制中，只是考选制度被恶劣政府所滥用，纠察制度又被长期埋没而不为所用。这是极可痛惜的。孙中山期望在共和政治中复活这些优良制度，分立五权，相应设置行政、立法、司法、考试、监察五院，创立各国至今所未有的政治学说。

要讲民权，便离不开自由、平等、博爱，这与西方民主思想是一致的。

孙中山的大道为公主张天下是天下人的天下："我们三民主义的意思，就是民有、民治、民享。"这个民有、民治、民享的意思，就是国家是人民所共有，政治是人民所共管，利益是人民所共享。

他的民权精神浓缩在"天下为公"四字之中。

☯ 大同社会

儒家《礼记·礼运篇》描写的大同之治，就是孙中山想努力实现的目标。

"大道之行也，天下为公。选贤与能，讲信修睦。故人不独亲其亲，不独子其子。使老有所终，壮有所用，幼有所长，矜寡孤独废疾者皆有所养。男有分，女有归。货，恶其弃于地也，而不必藏于己；力，恶其不出于身也，而不必为己。是故谋闭而不兴，盗窃乱贼而不作，故外户而不闭，是谓大同。"

大同社会追求平等、公正，重视公共利益，这成为现代儒家追求的普世道德价值。

"我们中国二千多年以前，孔子便有这项思想：'大道之行也，天下为公'。不过当孔子那个时代，只有思想，没有事实。到了现在，世界上有了这个思想，也有了这个事实。"孙中山向往"大同"并充满了信心。

孙中山认为"社会主义"不能包容自己的所见，为了准确表达"大同主义"，别创"民生主义"，从儒学去解释民生主义的内涵，使大同学说现代化。

"将来倘能成立新国家，另有新组织，则必不似旧世界之痛苦。预料此次革命成功之后，将我祖宗数千年遗留之宝藏，次第开发，所有人民之衣食住行四大需要，国家皆有一定之经营，为公众谋幸福。至于此时，幼者有所教，壮者有所用，老者有所养，孔子之理想的大同世界，真能实现，造成庄严华丽之新中华民国，且将驾乎欧美而上之。"

民生主义，是在"富者日富，贫者日贫"，贫富差距悬殊的时代大背景下，沿袭了儒家的"均富"治国理念，并结合西方的社会福利，从而提出"民有"与"民享"，社会财富归全社会民众共享的构想。

☯ 忠孝仁爱信义和平

孙中山是近代中国民族、民主革命先行者，他最先发现指望着清朝政府去推动中国的现代化发展是根本不可能。所以他坚持不懈推动全民族觉醒，发起辛亥革命把统治中国两百多年的大清王朝推翻，结束了两千年来的帝制。

一个全新的时代开启了。

新时代需要有新的道德观，孙中山说："中国有一个道统，尧、舜、禹、汤、文、武、周公、孔子相继不绝，我的思想基础，就是这个道统，我的革命，就是继承这个正统思想，来发扬光大！"

三民主义就是从仁义道德中发生出来的，是中国固有的道德文化的结晶。这既是中国的国魂、民族精神，又是中国立国的精神和基础。它的核心，就是忠、孝、仁、爱、信、义、和、平。

孙中山把四维（礼、义、廉、耻）、八德（忠、孝、仁、爱、信、义、和、平）、五达道（即五伦：君臣、父子、夫妇、兄弟、朋友）、三达德（又称武德，即智、仁、勇）作为传统道德教育内容。

在发展儒家伦理道德方面，孙中山对忠、孝和修身进行了深入的阐述："中国民族所以能生存几千年，必有其所以能生存的长处，那就是固有的道德与智能。"

他针对当时许多祠堂把原写有的忠字铲去的事实，对忠字加以重新阐释，"以为从前讲忠字是对于君的，所谓忠君；现在民国没有君主，忠字便可以不用，……实在是误解。……我们做一件事，总要始终不渝，做到成功，如果做不成功，就是把性命去牺牲，亦所不惜，这便是忠。……我们在民国之内，照道理上说，还是要尽忠，不忠于君，要忠于国，要忠于民"。

即使在民主时代，也不能摒弃中国固有的道德，只是在新的历史条件下，固有道德将赋有新时代的内涵。

忠孝的对象改变了，并且忠孝不再以等级尊卑为前提，是在人人平等的基础上，要忠于国家、忠于民族、忠于人民，而不应忠于一姓一家。

这是孙中山对儒家传统道德精神的承传与超越。

知难行易

知行之辩是哲学的重点内容。

孙中山独创"知难行易"："就知和行的难易之先后说，凡百事情，知了之后才去行，是很容易的。如果不知也要去行，当中必走许多'之'字路，经过很多的错误，是很艰难的。为甚么不避去那种错误的艰难？因为知是很难的。如果要等到知了才行，那么行的时候，便非在几百年、几千年之后不可，恐怕没有定期了。所以我们人类，有时候不知也要去行。"

孙中山不赞成传统儒家观点"知之非艰，行之维艰"的"知易行难"的观点。

王阳明说："知是行的主义，行是知的工夫，知是行之始，行是知之成。知之真切笃实处，即是行；行之明觉精察处，即是知。知行功夫，本不可离。"那孙中山怎么看心学"知行合一"观点？

孙中山说："夫'知行合一'之说，若于科学既发明之世，指一时代一事业而言，则甚为适当；然阳明乃合知行于一人之身，则殊不通于今日矣。以科学愈明，则一人之知行相去愈远，不独知者不必自行，行者不必自知，即同为一知一行，而以经济学分工专职之理施之，亦有分知分行者也。然则阳明'知行合一'之说，不合于实践之科学也。"

就是说现代科学分工越来越细，每个人只是在一个领域做精做细，不可能事事都经过真切的研究，把知与行都合在一个人身上。

"天下事惟患于不能知耳，倘能由科学之理则，以求得其真知，则行之决无所难。"孙孙中山认为知和行是理论与实践的关系，实践（行）是理论（知）的基础，要先行才能知，求的真知是最难的；科学知识掌握了，再去实行是容易的事情。

孙中山的"知难行易"核心实在鼓励践行，王阳明的"知行合一"重点是要人致良知，他们的思想其实并不矛盾，说的事情和说的重点不同而已。

那孙中山的"知难行易"的目的鼓励什么践行呢？

"知难"是针对当时革命的社会情形，解放社会的思想，让人们"知"是很难的事情。

很多人习惯了封建统治、习惯了做奴隶、习惯了旧思想，对孙中山提出的革命纲领是相当怀疑的，尤其是革命受阻的时候，大多人在想：这个新思想到底靠不靠谱？"行"还没有开始，在"知"上已经犹豫不决了。

面对众多的"知"，各种主义，大众一片茫然，哪个是对的？哪个是错的？无法辨别。

面对孙中山经常说"三民主义""天下为公""大同社会""让中国一跃而登上富强隆盛之地"等演讲与口号，很多人是根本不信的，这么落后衰弱的中国，能马上达到那种理想的水平？这不是在忽悠人吗？

孙中山看到了革命、看到了践行的难点在与"知"，他发现唤起公民的认知、认可，解放思想，让人们接受民主社会，明确坚定的目标是很难的事情。

所以他逢人便说"知难行易"。"知难行易"，就是改变国民的理念、坚定国民的意志、鼓励国民行动。快快解放思想，快快信任三民主义，大家有了共同的"知"，行动起来其实是非常容易的！

中国革命是和世界革命一样，孙中山说："当时欧洲的民众都相信帝王是天生的，都是受了天赋之特权的，多数无知识的人总是去拥戴他们。所以少数有知识的学者，无论用甚么方法和力量，总是推不倒他们。到了后来，相信天生人类都是平等自由的，争平等自由是人人应该有的事；然后欧洲的帝王便一个一个不推自倒了。"

"知难行易"很有效，给那犹犹豫豫、前怕狼后怕虎、不敢革命、不敢行动的人莫大的勇气！

孙中山的"知难行易"恰恰是鼓励践行的"力行之学"。